KB065768

나쁜 엄마 심리학

나쁜 엄마 심리학

상처받은 딸과 엄마의 관계회복 심리학

초판 1쇄 발행 | 2015년 5월 8일

지은이 | 조은강
펴낸이 | 임정은
디자인 | 디자인모노피㈜

펴낸곳 | ㈜ SJ소울
등 록 | 2008년 10월 29일 제2010-000015호
주 소 | 경기도 성남시 분당구 야탑동 211-3 근린상가 211호
전 화 | 070)8639-5396
팩 스 | 0505)489-3168
이메일 | soulpub@naver.com

ISBN 978-89-94199-35-1 03180
값 12,000원

나쁜 엄마 심리학

상처받은 딸과 엄마의 관계회복 심리학

조은강 지음

머리말

충분히 사랑받지 못한 그대들에게

우리나라에 소설 〈엄마를 부탁해〉의 광풍이 불던 시절이 있었다. 평생 자식을 위해 희생만 하던 엄마가 어느 날 갑자기 사라져버리자, 남은 가족은 자책에 빠져 엄마에 대해 추억하며 그리워한다는 내용이다. 어버이날을 맞이하여 나는 이 책을 사서 엄마에게 선물했다. 내가 직접 읽을 생각은 하지 않았다. 그러고 싶지 않았다. 진심으로 공감하지 못하는 순간순간이 이어질 것 같았고 나는 왜 이런 감정을 느끼지 못할까, 하는 상실감에 괴로울 것 같았다. 엄마에게 모든 판단을 미루고 싶었다. '모녀관계의 애틋함'을 다룬 이 책에 대해 엄마는 어떻게 생각할까도 궁금했다. 한참 후 엄마에게 물었다. 그 책 어땠어? 엄마는 대답했다. 재미없었어. 하나도 공감 안 가더라.

기대했던 반응은 아니었지만 놀랍지도 않았다. 엄마는 솔직했다. 한참 뒤에야 나처럼 엄마도 그럴 수밖에 없었음을 이해하게 되었다. 세상 사람을 〈엄마를 부탁해〉에 공감하는 사람과 아닌 사람으로 나눈다면 나와 엄마는 '어쩔 수 없이' 후자에 속하는 사람들이었다. 어떤 이유에서든 끝끝내 표현되지 못했던 엄마의 사랑으로 자기 존재를 확신하지 못했고, 불안할 수밖에 없던 딸들.

세상은 늘 어머니의 한없는 사랑과 희생에 대해서만 이야기한다. 그렇지 못한 상황, 특별히 힘든 상황에서 견디어왔을 자녀들에 대한 관심은 없었다. 작고 힘없는 그들에게는 힘들다고 말할 기회조차 주어지지 않았다. 찰스 다윈은 '진화론' 얘기를 꺼내는 것이 '살인을 고백하는 것'처럼 어려운 일이라고 했는데, 우리 사회에서 부모에 대한 원망을 꺼내는 것도 그에 못지않았다. 그냥 조용히 견디거나 세상 너머로 사라지는 것이 그들이 할 수 있는 전부였다. 사랑받지 못한 것은 자식 혼자 감당해야 할 팔자문제였다. 엄마를 원망하거나 비난한다는 것은 상상조차 할 수 없었다. 하지만 엄마라는 역할을 실제로 버거워했던 여성들, 이상적인 어머니상에서 벗어나 살았던 여성들과 그 자녀들에 대해서도 다른 각도에서 바라보고 이해해주어야 할 필요가 있지 않을까. 엄마는 신이 아니다.

다행인지 언제부터인가 인터넷 게시판에서 엄마를 이해할 수 없다는 내용의 상담 글이 눈에 띄기 시작했다. 예전에는 볼 수 없었던 것들이었다. 익명성이 강한 소통의 장이기에 가능해진 솔직함일까. 그곳에서 묘사되는 엄마들의 모습은 희생하고 양보하고 배려하는 전통적인 어머니상과는 거리가 멀다. 남을 대할 때와 가족을 대할 때 전혀 다른 이중성을 보이는 엄마, 아들과 딸을 눈에 띄게 차별대우하는 엄마, 자식의 행복을 질투하는 엄마, 사소한 일에도 화를 내거나 매를 드는 엄마, 부정적인 말이나 욕을 입에 달고 사는 엄마, 돈을 인생 최고의 가치로 생각하고 사는 엄마, 자식에 대한 지나친 기대로 숨 막히게 하는 엄마, 무관심으로 방임하는 엄마, 아빠를 놔두고 바람피우는 엄마, 종교에 빠져서 살림에 소홀한 엄마…… 딸들의 나이는 대부분 대학생이거나 이미 결혼해서 아이를 둔 경우도 있다. 어린 아이들이 아니다. 그럼에도 그들은 여전히 엄마 때문에 아파하고 힘들어한다.

엄마의 입장을 들여다본다면 모두 그럴만한 이유가 있고 사정이 있을 것이다. 자식의 입장에서 오해한 것일 수도 있다. 그런데 '부모 자식 간에 뭘 따지나?' 하는 말로 대부분은 그 이유가 설명되지 못한다. 화해도 없다. 지금까지는 늘 그래왔다. 그리고 그 풀어지지 못한 오해는 자식의 몫이 되어 평생의 상처가 된다. 내 부모에게서조차 사랑을 받지 못했는데, 어디 가서 사랑을 받을 수 있을까 하는 불안과 결핍감이 따른다. 자식이 단지 어려서 오해한 것이었다면 성장한 후에는 오해가 풀리고 다른 관계가 이어져야 하는데 그렇지도 못하다. 그런 관계는 비슷한 패턴으로 평생 반복되거나 악화된다. 무지로 인해 대물림으로 이어지기까지 한다.

엄마와 자식은 동시대에 같은 공간에 살고 있지만 각자를 키우고 만들어낸 가치관과 취향은 전혀 다르다. 시골에서 형제 많은 집에서 치이며 성장한 엄마와 도시에서 태어나 홀로 주목받고 큰 외동딸, 그 사이에는 문화적 차이 외에도 수십 년의 세대 차이라는 강이 또 한 번 놓인다. 남존여비가 당연한 시대에 자란 엄마와 남녀평등의 사상이 움트는 시기에 맞춰 도전적으로 성장한 딸은 신체적 성별만 같을 뿐이다. 대화가 될 수 있을지 의문이다. 간혹 '우리는 친구 같은 모녀사이에요!' 라고 하는 사람들이 있지만 정말 친구 같은 사이일까. 어느 한쪽이 관계 유지를 위해 끝없이 인내하고 배려하고 있을지 모른다. 가족은 비록 같은 유전자를 나누어갖기는 했지만 많은 부분이 전혀 다른 사람들일 수도 있다. 그렇게 다른 사람들이 단지 '가족'이라는 이유로 무조건 사랑과 배려를 '기대'하거나 '강요'하면서 힘든 관계를 이어간다. 특히 우리나라의 경우, 그 관계는 죽기 전까지 이어져야만 한다.

최근 초중고생들의 자살이 늘고 있다. 그 사유 중 가장 큰 것은 가정불화다. 친구 사이의 왕따, 학대 문제는 학교에 신고하여 처벌이 가능하지만 가정의 문제는 어디에 하소연할 수도 없다. 내 경험을 돌이켜봐도 친구에게 가정불화에 대해 언급하는 것은 자기 얼굴에 침 뱉기나 마찬가지였다. 입도 뗄 수 없었다. 설사 이야기를 했다 해도 고작 내 나이또래인 친구가 얼마나 이해를 하고, 어떤 위로의 말을 해주었을지 막막하다. '자녀 앞에서 부부싸움을 하는 것이 좋지 않다'는 사상이 계몽된 것은 그리 오래되지 않았다. 얼마 전까지만 해도 가정에서의 폭력사건은 경찰도 관여하지 않았다. 물리적이지 않은 언어의 폭력은 더더욱 제3자가 관여하기 어려운 일이다. 가정, 그 안에서는 어떤 일이 일어나도, 그 안에서 암묵적으로 해결되어야 했다. 아이들은 그런 환경에 무기력하게 길들여지거나, 거세게 튕겨져 나가거나 둘 중의 하나인데, 어떤 것도 쉽지는 않다. 이제는 제3의 길, 건강하게 상처를 이겨내는 방법을 찾아야 한다.

이 책을 준비하던 중 한 30대 여성을 만났다. 똑똑하고 단단해보이던 그녀였지만 남다른 상처를 가지고 있었다. 이혼한 그녀의 엄마는 자기 인생을 위해 그녀를 친척집에 맡겨두고 외국으로 떠났다. 초등학교 6년 내내 혼자 자란 그녀를 엄마는 다시 불러들였지만, 그곳은 가정이 아니라 기숙사였다. 어린 나이에 낯선 외국, 낯선 기숙사에서 다시 혼자만의 삶을 꾸려가야만 했던 이야기를 꺼내던 그녀의 눈에서 쏟아져 나온 그 무엇인가를 나는 잊을 수가 없다. 이젠 다 지난 일이라고 했지만 그것은 분노였다. 그녀의 엄마 입장에서는 어떤 결정도 쉽지 않았을 것이지만, 그녀 안의 내면 아이는 아직도 엄마에게 하고 싶은 말이 있는 것 같았다.

이 책에서 나는 부모와 자식, 특히 엄마와의 관계를 이야기하고자 한다. 이미 많이 나와 있는 애틋한 엄마의 모습을 그린 책들과는 거리가 있을 것이다. 엄마보다는 자식의 입장, 특히 사랑받지 못해 아팠던 이들에게 들려주고 싶은 이야기이다. 이것이 완벽한 치유법이나 해결책은 아닐 것이다. 하지만 그동안 정말 힘들고 외로웠다고 소리를 내는 그들의 외마디에 귀를 기울여주는 시도라도 하고 싶다. 그 과정을 여러 책과 영화가 함께 할 것이다. 그 고통이 혼자만의 고통이 아니었음을 그 작품들이 알려줄 것이다. 물론 나의 경험도 포함될 것이다.

인생의 영원한 주제는 사랑이다

　사람의 정신은 사랑을 먹고 자란다. 정신의 밥은 사랑이다. 그래서 올바른 사랑을 받지 못한 정신은 영양 결핍으로 인해 성장을 멈추게 되거나 기형이 된다. 사람들이 삶에 대해 두려움이 많고 매사에 자신감이 없고 지속적으로 열등감에 시달리는 이유는 어릴 적에 부모로부터 온전한 사랑을 받지 못했기 때문이다. 그들은 거짓자아를 자기 자신이라고 생각하면서 고통스러운 삶을 살아간다. 하지만 더욱 안타까운 것은 대부분의 경우 사람들은 그 이유를 알지 못한다. 그 이유를 모르기 때문에 치유가 되지 않는 것이다. 이 문제는 다른 어떤 노력으로도 해결되지 않는다. 오로지 사랑만이 답이다. 그래서 인생의 영원한 주제는 사랑이다. 사랑에 기초하지 않은 어떤 인생도 행복할 수 없다.

우리 사회에 불행하게 사는 사람들이 많은 이유도 바로 이것이다. 즉 부모로부터 온전한 사랑을 받고 자란 사람들이 많지 않기 때문이다. 그 이유는 이 세상에는 문제 많은 사람들의 숫자와 동일한 수의 잘못된 부모가 있기 때문이다. 그렇지 아니한가?

나도 한때는 모든 부모는 자식을 사랑한다고 믿었었다. 물론 부모들에게 자식을 사랑하는 마음이 없는 것은 아니다. 하지만 사랑은 그리 간단한 것이 아니다. 올바로 사랑하는 것은 매우 힘든 일이다. 부모로부터 온전한 사랑을 받지 못했거나, 자신 스스로의 노력으로 올바로 사랑할 수 있는 정신의 수준에 도달하지 못한 사람이 부모가 되었을 때, 그는 피할 수 없이 자식의 마음에 상처를 주게 된다. 그렇기 때문에 이것은 문화적 유전의 성격을 지닌다. 마치 병을 옮기는 것과 같다.

하지만 많은 사람들은 사회적 도덕관념과 죄책감으로 인해 이 문제를 직시하지 못한다. 자신의 부모를 미워하다가도 죄책감에 빠져 자신을 자책하고 또 다시 미워하는 악순환을 반복한다. 이 말은 어른이 되어도 정신은 어른이 되지 못한 채 정서적으로 부모에게 예속된 채 살아간다는 것을 의미한다. 심리학자들이 말하는 '내면의 아이' 가 바로 이것이다. 우선은 부모로부터 정신적으로 독립해야만 한다. 그러기 위해서는 진실을 알아야 한다. 자신에 삶에 대한 진실을.

이 책은 그런 진실에 관한 책이다. 저자가 말하듯이 우리 사회에서 부모의 잘못을 이야기하는 것은 금기에 가까운 일이다. 그래서 사람들은 자신에게만 일어난 일이라고 생각한다. 하지만 사실은 그렇지 않다. 이것은 우리 사회에서 재산, 지위, 학력 등에 관계없이 모든 계층의 가정 안에서 광범위하게 일어나고 있는 현상이다. 독자들은 이 책을 통해 그러한 고통을 겪는 것이 나만이 아니었다는 점에서, 그리고 인생의 진실이 무엇인지 알게 됨으로서 많은 위로와 함께 치유의 경험을 하게 될 것이다.

또한 이 책에서 말하고자 하는 것은 부모를 원망하고 비난하는 것을 부추기는 것이 아니라, 진실을 알아야 한다는 것이다. 왜냐하면 진실을 알아야만 문제 해결이 시작될 수 있기 때문이다. 자신의 부모가 어떤 사람이었는지, 그분들이 자신에게 준 사랑이 어떤 것이었는지 그것을 있는 그대로 바라보아야 한다. 그리고 그분들도 다른 사람들과 같다는 것, 즉 그분들도 삶에서 고통받고 스스로의 문제조차 해결하지 못한 평범한 사람들이었다는 것, 그래서 자식들을 올바로 사랑할 마음의 여유가 없었다는 점을 인정하고 받아들여야 한다. 물론 이 과정이 쉽지는 않다. 하지만 이 과정은 인생에서 반드시 거쳐가야 할 통과의례이다. 힘들지만 진실을 알고 나면 자연스럽게 부모로부터 정신적으로 독립하게 된다. 그때야 비로소 진정한 의미의 성인의 삶, 즉 자신의 삶이 시작된다. 마지막으로 하나만 더 이야기하자면 어느 누구도 나를 사랑하지 않는다 할지라도 이 세상에는 나를 사랑할 사람이 한 사람 있다는 것이다. 그것은 바로 자기 자신이다. 이 점을 잊지 않았으면 좋겠다.

장건익(철학자)

차례

PART 01

♥

상처투성이 유년기

홍당무야, 이제부터는 밤마다 네가 닭장 문을 닫으렴! _홍당무

분홍 엄마 VS 검은 엄마 _나쁜 엄마

'피투성이 장화를 졸라맨 듯' _바늘땀

집을 떠나는 것이 소망인 아이들 _영화 • 라디오 플라이어

홍당무야, 이제부터는 밤마다 네가
닭장 문을 닫으렴!

_ 홍당무

내 어린 시절을 돌이켜볼 때, 가장 먼저 어떤 상징처럼 떠오르는 책이 바로 이 〈홍당무〉다. 초등학교 저학년 시절, 집에서 처음 이 책을 발견하고 몇 장을 넘겼을 때, 끝까지 읽지 못하고 덮어버렸던 기억이 있다. 재미없어서라기보다는 부끄럽고 두려워서였다. 누가 내 삶을 들여다보고 썼나, 아니면 내 마음을 훔쳐보기라도 한 건가 싶었다. 아무에게도 얘기할 수 없었지만 주인공 '홍당무'는 주근깨투성이에 엄마의 미움을 받는 막내라는 처지에서 나와 같았다.

나를 임신했을 때 엄마는 100% 아들을 기대했다고 한다. 나를 낳음으로써 믿음직한 아들을 하나 더 두게 되는 것이라고 생각했던 것이다. 그런데 아들이 아닌 딸이 나왔고, 너무 실망해서 미역국도 먹지 않았다고 한다. 성인이 되어 그런 이야기를 들었다면 그냥 웃어버릴 수 있었을 것이다. 그러나 남존여비라는 우리나라만의 편견정서에 대해 아무런 정보가 없던 어린 나에게 그 이야기는 큰 부담이었다. 내가 엄마가 기대했던 자식이 아니었고, 결과적으로 실망을 시켰다는 것이 슬펐고 주눅이 들었다. 그 얘기가 나올 때마다 내 표정은 어두워졌을텐데, 엄마는 전혀 개의치 않고 그 이야기를 꺼냈다. 모든 상황에서 어차피 아들이 아니니까, 이미 위로 둘이나 있는 딸이니까, 하는 냉랭함이 깔린 채 나를 대하는 엄마의 마음이 보였다. 나의 입장에서는 모든 게 신선한 '첫 인생'인데 엄마에게는 귀찮고 지겨운 '네 번째' 아이였다. 그리고 그 포지셔닝이 지속되었다.

사실 아이는 아무것도 모르는 게 아니다. 아이의 목표와 관심사는 오직 '사랑받기'다. 자신이 사랑을 받고 있는지 아닌지만을 종일 생각하고 산다. 꿈까지 꾼다. 엄마 바로 곁에서 잠을 자다가도 엄마가 나를 두고 어디론가 가는 꿈을 꾸며 울었던 적도 많다. 엄마가 주는 음식, 엄마가 사오는 내 옷의 색깔, 심지어 인형의 옷 색깔만으로도 나는 늘 엄마가 날 얼마나 사랑하는지 판별할 수 있었다. 엄마의 쇼핑 가방 안에서 남자 아이를 상징하는 파란색이 나올 때마다 내 가슴은 철렁 내려앉곤 했다. 엄마는 또 날 부정하고 있구나!

홍당무를 미워하는 그의 엄마는 무심한 척, 말과 상황을 주도하여 아이를 구석으로 몰아간다. 가장 유명한 에피소드인 한밤중에 닭장 문을 닫고 오도록 시키는 부분에서 처음엔 장남 페릭스에게 먼저 부탁한다. 장남이 귀찮아하자 다시 홍당무의 누나인 에르네스띠느에게 이야기를 한다. 그녀도 무서워하자 엄마는 막내 홍당무를 찾는다. 더 어린 아이니까 역시 무섭다고 하지만, 엄마는 '다 큰 녀석이 뭐가 무섭냐?'며 핀잔을 준다. 형제들의 종용까지 더해지자 홍당무는 조금 우쭐해진다. 가볼까? 하는 마음이 생긴 것이다. 의외로 어린 아이들이 용기를 보이는 경우는 이런 때이다. 위험에 대한 인지보다는 칭찬받고 싶은 욕구가 더 강한 것이다. 막내들은 능력의 면에서 형이나 누나보다 늘 뒤떨어진다는 열등감이 있다. 기회만 있다면 그 열등의식을 극복하고 싶다. 속으로는 무서워 죽을 지경이어도 꾹 참고 홍당무는 어둠 속으로 나선다.

어린 시절 엄마도 내게 늘 너는 힘이 세다고 했다. 자주 체하고, 감기에도 잘 걸려 결석을 밥 먹듯 했던 약한 아이가 왜 엄마 눈에는 힘이 센 아이로 보였는지 알 수 없지만, 그 말에 부응하기 위해 나는 무리해서 내 힘을 써보이곤 했다. 엄마가 김치를 담글 때, 손절구에 마늘을 넣고 공이로 다지는 일을 늘 내가 맡은 것이었다. 다른 어떤 일에도 관심이나 칭찬을 보이지 않던 엄마지만, 이때만큼은 '아이쿠, 역시 팔 힘이 세!' 하며 칭찬을 퍼붓곤 했다. 그렇게라도 해서 인정을 받고 싶었다. 어둠 속을 나선 홍당무도 그런 심정이었을 것이다. 하지만 어둠을 통과해서 닭장 문을 닫는 모험을 하고 돌아온 홍당무를 기다리고 있던 것은 칭찬이 아니었다. 형도 누나도 심드렁하게 책을 읽고 있었고, 엄마는 당연하다는 듯이 이렇게 말을 한다.

"홍당무야, 이제부터는 밤마다 네가 닭장 문을 닫으렴."

이후로도 어린 홍당무를 교묘히 괴롭히는 엄마의 믿을 수 없는 행각은 계속된다. 아직 대소변을 가리지 못하던 홍당무는 어느 날

잠결에 이부자리에 큰 볼일을 보고 만다. 작은 볼일이 아니라, 큰 볼일을! 그런데 엄마가 의외로 화를 내지 않는다. 조용히 뒤처리를 해준 것이다. 게다가 침대에 누운 홍당무에게 아침식사로 수프를 가져다주었다. 이것이 따뜻하고 자애로운 풍경이 아님은 뒤에서 킥 킥대던 형과 누나의 모습에서 알아채게 되었다. 엄마는 수프에 홍당무의 그것을 풀어 넣은 것이다. 그렇게 더러운 수프를 억지로 먹인 후 엄마는 말한다.

"넌 똥을 먹었어! 그것도 제가 간밤에 싼 것을!"

홍당무 엄마의 이런 행동은 상대방이 감당할 만한 수준이라면 유머가 되거나, 장난이 되거나, 아주 날카로운 힐난이 되거나 할 테지만 아직 10살도 안된 꼬마에게는 반격할 방법도 없이 당혹스러운 학대일 뿐이다. 이런 때 홍당무가 할 수 있는 최선의 방어는 당황해하지 않는 것, 아무렇지도 않은 체 하는 것이었다. 아이가 엉엉 울어 위로받을 수나 있으면 다행이다. 울 수조차 없어 억지로 태연을 가장한 채 버티는 일은 아이에게 더 힘든 상황이다. 그리고 홍당무는 더 이상 엄마에게 어떠한 기대도 희망도 품지 못하게 된다. 차라리 엄마가 자신에게 주의를 기울이지 않기를 바라게 된다. 엄마가 관심을 가져봤자 들리는 말은 이렇다.

나는 전생에 무슨 죄를 지어 이런 아이를 낳았을까!
너 때문에 미치겠어! 그래 내가 죽을게!

어떤 상황이 되면 이런 악담을 하게 되는 건지, 아이를 낳아 길러본 적이 없는 나로서는 상상이 가지 않는다. 하지만 나의 성장기에 들어본 적이 없다고 장담할 수도 없다. 아이가 싫을 때, 엄마들은 어떤 말이든 다 할 수 있다. 아이가 예쁠 때, 무엇이든 다 할 수 있는 것과 마찬가지로.

홍당무의 엄마, 르삑 부인은 사실 행복하지 않은 여인이었다. 남편인 르삑 씨와 서로 정이 없었고 각자 자기 스타일대로 사는 식이었다. 게다가 그녀는 남편보다 더욱 경직된 사고를 가진 여자였다. 사랑하지 않는 남자와 낳은 아이들이 마냥 사랑스러울 리 없다. 뭐든지 서툴고 어설픈 막내 아이는 더욱 눈엣가시였을 것이다. 염세주의 철학자 쇼펜하우어는 '남편을 사랑하지 않는 여자는 그 자녀들도 사랑하지 않는다!'라는 글을 남겼는데, 그에게도 사랑 없이 18세나 연상인 남자와 결혼하여 평생 아들과 대립했던 엄마가 있었다. 그러나 부모의 그런 배경, 사랑하지 않는 부부 사이에서도 아이가 태어날 수 있고, 가정이 유지될 수도 있음을 이해하고 받아들이기엔 아이는 너무 어리다. 마침내 홍당무가 폭발하는 날이 온다.

어느 날, 엄마가 홍당무에게 부탁을 한다. 물방앗간에 가서 버터 한 파운드를 사오라고 한다. 심심해서 땅바닥에 주저앉아 있던 홍당무, 왠일인지 싫다고 한다. 엄마는 귀를 의심하며 다시 이야기한다. 하지만 홍당무는 요지부동이다. 싫어요, 싫어요…… 당황한 엄마가 사람들을 불러 모으며 하소연한다.

"세상이 뒤집혔어요! 말세예요! 제발 누가 저 짐승 같은 아이가 순종하게 해주세요!"

한 번도 엄마에게 대든 적이 없던 홍당무가 말한다.

"아빠가 물방앗간까지 가서 버터를 한 파운드 사오라고 한다면 그렇게 하겠어요. 아빠를 위해서라면. 하지만 엄마를 위해서라면 난 절대로 안 가겠어요!"

홍당무의 아빠가 홍당무를 유독 살갑게 챙겨준 것은 아니었다. 싫은 소리도 했고, 무심한 면도 있었다. 하지만 엄마처럼 적극적인 공격을 해댄 것은 아니었으므로 상대적으로 홍당무는 아빠에게 의지할 수밖에 없었다. 그리고 어느 날 아빠에게 이런 속내를 털어놓는다.

"아빠, 나는 오랫동안 망설이고 있었는데, 이제 분명히 해둬야겠어요. 솔직히 말해서 난 엄마를 좋아하지 않아요."

모처럼 자신에게 귀를 기울여주는 아빠에게 홍당무는 이런 말을 한다. 재미삼아 놀리는 게 아니라면 엄마가 어째서 그런 짓을 하는지 도무지 이해할 수 없다고. 그런 아들에게 아빠는 이런 조언을 들려준다.

"단념해라. 그리고 강인해져라. 어른이 되어 네 자신을 스스로 다스려 자유를 얻게 될 때까지 말이다. 성격이나 기질은 바꾸지 못하더라도 네 가정은 변화시킬 수 있단다. 지금부터 극복하도록 힘을 써라. 성질을 좀 죽이고 다른 사람들, 특히 너와 가장 가까이 지내는 사람들을 존중하면서 말이다. 그럴 수 있다면 삶이 즐거워질 거다."

아빠의 이야기는 옳지만 아직 먼 미래의 이야기다. 홍당무의 난제는 지금 코앞에 있다.

"제 운명보다 더한 운명이 있을까요? 저는 엄마가 있는데, 저를 싫어해요. 저도 엄마가 싫어요."

그때 아빠인 르삑 씨가 평생 밝히지 않았던 한 마디를 던지고 만다.

"그럼, 나는 네 엄마를 좋아하는 줄 아니?"

아들에게 엄마의 흉을 보고만 아빠, 순간적인 폭발이었고, 그 순간 아들은 동지라도 만난 기쁨을 느꼈지만, 씁쓸한 장면이기도 하다. 부부가 서로 사랑하지 않는다는 것 하나가 어떻게 불화를 확산시키고, 또 한 가정을 어떻게 분열시키는지 알 수 있다. 아빠가 엄마를 좋아하지 않는다고, 그걸 인정한다고 달라지는 것은 여전히 없다.

그날 이후도 상황은 반복된다. 엄마는 홍당무가 바지에 손을 넣고 있자 그 상태로 주머니를 꿰매기도 하고, '엄마보다 아빠가 더 좋단 말이지?' 하는 히스테리를 부리기도 하고, 거침없는 악담도 계속한다. 그러나 홍당무는 더 이상 엄마에게 맞서 싸우려고 하지 않는다. 어른이 되는 날을 기다리며 버티기로 한 것이다.

엄마에게 면박이나 무안을 당한 뒤에는 반드시 아빠나 언니들의 위로를 받으며 눈물을 훔쳤던 나의 어린 시절도 내가 세상에 쓸모 없는 존재, 없어져도 상관없는 존재가 아니라는 실낱같은 믿음을 주는 사람이 있었기에 견딜 수 있었던 날들이었다. 만약 그렇지 못했더라면, 가슴 속에 단단한 얼음이 하나 생겨났을 것이다. 결코 그 누구도 녹일 수 없는.

〈뱀〉이라는 제목에 '너무 길다.' 가 전부인 산문을 쓴 걸로도 유명한 작가 쥘 르나르. 자식에게 냉랭하고 애정이 없던 엄마, 신중하긴 하지만 자신의 취미에만 빠져 지내며 가정을 재건하려는 노력을 포기했던 아빠, 그들의 캐릭터는 실제 그의 부모님에게서 나온 것이라고 한다. 그래서 더욱 현실적이고 생생한 작품이 되었는지도 모른다. 어두운 밤 부모와 형제 모두를 대신해서 홀로 닭장 문을 닫으러 나가야 했던 홍당무의 쓸쓸한 마음은 작가의 마음과 크게 다르지 않았을 것이다. 하지만 그가 이런 소설을 씀으로써 그와 비슷한 상황에 처한 사람들은 많은 위로와 공감을 얻었다. 쥘 르나르의 이 책은 자신의 두 아이에게 헌정되었다. 적어도 작가의 두 아이는 홍당무가 겪은 것과는 전혀 다른 어린 시절을 보냈을 것임에 분명하다.

분홍 엄마 VS 검은 엄마

_나쁜 엄마

> 멜리처럼 '엄마의 병' 때문에 고통 받는다면, 속이 뒤틀리고 가
> 슴이 찢어질 것처럼 고통스러운 구역질이 나게 된다. 하지만 이
> 병을 치유할 길은 멀고도 멀다. 왜냐하면 엄마는 변하지 않을 테
> 니까. 헤쳐 나가는 법을 배워야 하는 쪽은 오히려 상처받은 아이
> 다. _작가의 말

부모로부터 상처받는 아이들의 가장 큰 난제는 자신의 고통을 어
떻게 처리해야 하는지 알 수가 없다는 점이다. 흔히 아이의 문제는
부모가 해결을 해줘야 한다. 그런데 문제의 제공자가 부모라면 누구
에게 해결을 부탁해야 할까? 어린 아이들은 어른들처럼 술을 마시
거나, 정신과의사를 만나거나, 관계의 단절을 모색하거나 할 수가
없다. 드물게 가출을 하거나 자살을 시도한다고 한들, 그것이 정상
적인 의미의 해결책은 되지 못한다. 친부모라면 당연히 자녀를 성심
성의껏 돌볼 것이라는 인식이 깔려 있는 우리나라와 같은 사회에서
는 더더욱 자녀 자신이 어떠한 처지에 있는지 가늠하는 것이 어렵
다. 오히려 자신이 나쁜 거라고, 뭔가 오해를 하고 있는 거라는 자책

을 하며 참고 참다가 끝내 정신적·육체적 이상을 일으키게 된다.

이 책 〈나쁜 엄마〉는 어느 중고서점에서 처음 발견했던 책이다. 너무 작고 얇아서 어린이 동화인 줄로만 알았는데 제목 때문에 끌려 몇 장을 넘겨보게 되었다. '나쁜 엄마' 라니! 2008년에 출간된 책이다. 2000년대나 되니까 우리나라에서 이런 제목으로 출간이 가능했을 것이다. 그 이전이었다면 출판사 자신도 자체검열로 출간을 포기했을 것이다. 하지만 크게 주목을 받지 못한 채 중고서점에 와 있었다. 이 책의 그런 처지가 왠지 더 안쓰러워 나는 이 책을 구입했고 읽으면서 주인공 멜리를 알게 되었다.

아홉 살 소녀 멜리의 엄마에게는 두 얼굴이 있다. 분홍 엄마와 검은 엄마. 멜리에게 상냥하고 따뜻할 때엔 분홍빛 천사와 같다. 하지만 돌변할 때엔 검은빛 악마가 된다. 자신의 친구들 앞에서는 하나뿐인 딸을 진심으로 사랑하는 척 하지만 단 둘이 있을 때엔 험한 말을 쏟아붓는다. 멜리가 배가 아파 병원에 갔을 때 꼭 그렇게 해야 하는지 알 수 없는, 의사의 노골적이고 거친 검진에도 엄마는 옆에서 눈 하나 깜박 않고 지켜본다. 결국 맹장염으로 입원한 멜리에게 엄마는 지극정성을 보이지만 퇴원하자 다시 냉랭해진다. 입원했을 때엔 분홍 엄마였는데, 퇴원하자 다시 검은 엄마가 되어 버린 것이다. 이렇듯 변덕스러운 엄마 때문에 멜리는 자신만의 주문을 만들어 외우기 시작한다. 분홍 엄마만 남고 검은 엄마는 사라져달라고.

세상에는 '항상 검은빛인 엄마', 또는 '항상 분홍빛인 엄마' 보다는 분홍과 검정을 오가는 엄마들이 훨씬 많을 것이다. 아이를 키우는 일은 엄마라는 이름을 가진 한 여성에게 가끔 상상할 수 없는 인내와 끈기, 수고를 감수하게 만든다. 잠시만 한눈을 팔아도 무엇을 건드리고 돌아다닐지 모르는 어린 아이들을 지켜보는 것만으로도 엄마들은 지친다. 그런데 진짜 뭔가 사고를 쳐버리면 상냥한 엄마나 분홍 엄마로 남아 있을 수 없는 것이다. 일순간 폭발해버린다. 더욱이 요즘처럼 맞벌이를 하는 엄마들의 경우, 아이에게 항상 웃는 얼굴만 보일 체력이나 정신적인 여유는 기대할 수 없다. 그렇지만 대부분의 아이들은 멜리처럼 이상한 주문을 외우며 불안에 떨지 않는다. 보통은 엄마에게 야단을 맞거나 구박을 받았어도 곧 어리광쟁이로 돌아가는 탄력성을 가진다. 잠깐은 미웠던 엄마지만, 그럼에도 불구하고 나를 사랑해주는 엄마라는 신뢰가 사라지지 않는다. 그럼 멜리에게는 왜 그것이 불가능했던 것일까.

　이 책의 원제는 〈엄마의 병〉이다. 멜리의 엄마는 벽장 가득 약병을 채워두었을 만큼, 여기저기가 아프다고 호소하고 있다. 때로는 등이, 때로는 위가, 때로는 머리가 아픈 엄마. 아빠와의 부부싸움이 심해질수록 더 많이 아파지는 엄마. 아마도 그녀는 평탄하지 못한 결혼생활로 불행했던 여성이었다. 모든 병은 그녀의 마음에서 비롯된다. 아이에게 포근한 애정을 보이지 못하는 것엔 그런 이유도 있을 것이다. 사이 나쁜 부부가 헤어지지 못하는 데에는 멜리의 존재

가 걸림돌일 수도 있었다. 결국 분홍과 검정을 오가던 엄마가 이제
는 아픈 모습까지 보이니 어린 멜리는 모든 것이 내 탓인가? 하는
자책감을 느끼게 된다. 엄마가 자기를 낳을 때에 복잡한 제왕절개
수술을 받아야 했으며 그때 생명을 잃을 뻔했다는 이야기까지 들었
다. 아무리 미웠다, 좋았다를 반복하는 엄마지만 어린 멜리에게 엄
마라는 존재는 그렇게 생명을 부여해주었고, 또 앞으로의 인생을
안내해 줄 '유일한' 사람이다. 그런 존재가 아픈 것은 분홍과 검정
을 오가는 것보다 더 불안한 일이다. 멜리는 엄마 대신에 자신이 아
프게 해달라는 기도까지 한다.

그러나 멜리의 엄마는 이런 멜리의 마음을 전혀 이해하지 못한
다. 멜리에 대한 이야기를 자신의 친정엄마와 나누는 과정에서 멜
리를 이렇게 묘사한다.

"멜리는 아주 절망적인 아이라니까요. 행복해질 수 있는 조건을
다 가졌는데도 세상의 온갖 불행을 짊어진 애 같으니, 원…… 만
족할 줄도 절대 모르고, 배고프다고 말하는 적도 없고, 웃지도 않
고…… 그런 꼴을 봐 주고 있는 게 얼마나 힘든 줄 아세요!"

멜리 엄마의 이런 분노 뒤에 있는 감정이 어떤 것인지 나는 어렴
풋이 알 것 같다. 이따금 어린 아이를 돌보는 엄마들을 지켜볼 때가
있다. 걷지 못하는 아이는 안아주고, 뛰어다니는 아이는 그 뒤를 졸

졸 따라다니고, 신발을 신겨주고, 옷을 입혀주고, 과자를 먹이고 또 물을 먹이고, 싫다고 뿌리치면 조용히 아이의 뜻대로 따라주는 엄마들…… 그녀들은 마치 아이의 몸종 같았다. 아무리 능력이 있고 잘난 엄마라고 해도 아이 앞에서는 꼼짝없이 아이의 눈치를 살피고 수발드는 몸종이 되어주어야 한다. 그러니 엄마가 한순간도 자신을 겸허하게 낮추지 못하는, 일종의 나르시시즘의 증상이 있는 사람이라면 이런 일들이 못 견디게 고통스럽고 짜증스러울 수도 있을 것 같았다. 아이에 대한 애정이 있다고 해도 그럴 것이다. 아이에게는 당연한 의존이지만 엄마 입장에서는 생전 해본 적이 없던 시녀노릇인 것처럼 느껴지고 점점 지치게 되는 것이다. 어느 날 길에서 우연히 보았던 장면이다. 엄마에게 기대려 내미는 아이의 손을 무심한 척 냉정하게 뿌리치던 어떤 엄마의 마음에는 '언제까지 내가 네 몸종 노릇을 해야 하니?' 같은 반발이 숨겨져 있었을 것이다.

그리고 그 반발은 아이에게 벌을 주어야 할 때 폭발된다. 권력은 상을 줄 때보다 벌을 줄 때 더 극명히 드러난다. 훈장을 주는 독재자보다 목을 베는 독재자 앞에 국민은 더 큰 권력을 절감하는 법이다. 멜리가 사춘기에 접어들게 되면서 모녀 사이의 강은 더욱 깊어진다.

딸에게 엄마가 가장 필요한 시기는 사실 사춘기 때다. 가슴이 커지고 생리가 시작되는, 두렵기도 하고 낯선 일을 겪는 시기에 엄마의 따뜻한 배려가 간절한 것이다. 그러나 딸의 사춘기 변화를 긍정적으로 받아들이지 못하는 엄마들은 가장 민감한 이 시기에 오히려 가장 큰 상처를 준다. 대놓고 남자 조심을 해야 하다고 겁을 주거나, 반대로 아무런 반응을 보이지 않으며 별일도 아닌데 유난을 떤다는 식으로 무시한다. 멜리가 브래지어가 필요하다고 하자 멜리의 엄마는 기다렸다는 듯이 자신의 낡은 브래지어를 던져준다. 그것도 평범한 브래지어가 아니라 자신이 출산 후 착용했던 수유용 브래지어다. 생일선물로는 활 없는 바이올린을 건네준다. 이렇게 불완전, 결핍, 불안의 메시지를 딸에게 보내며 즐거워 한다. 결국 생리가 시작되고도 멜리는 차마 이 사실을 넉 달 동안이나 엄마에게 말하지 못한다. 멜리의 마음을 엄마는 이해하기는커녕 '추잡하다' 며 비난한다. 이쯤 되면 멜리의 엄마가 가진 일관성이 보인다. 매순간 멜리를 좌절시키고, 기대를 저버리고 무너뜨리려는 의지.

사람을 대할 때 계략을 내세우는 여자, 머리를 굴려 사람을 자기편으로 만들거나 적으로 돌려세우거나 하는 여자는 자식에게도 그런 모습을 보인다. 그게 가장 쉽게 자신의 힘을 확인하는 일이라고 생각하기 때문이다. 내 말을 듣도록 조종하기 위해 상대의 기대를 무너뜨리고, 모욕하여 자극을 주는 것이다. 이렇게 약을 올리면 기가 죽어 내 말을 듣게 될 거라고 믿는다. '진심' 이나 '성의' 가 왜 인간관계에서 필요한지 이해하지 못한다. 때론 그런 행동을 하는 데에는 자식이 자신의 말을 들어서 결국 잘되기를 바라는 것일 수도 있겠지만, 그런 대우를 받는 아이는 심각한 자괴감을 느낄 수밖에 없다.

골동품 가게에서 일하게 된 멜리의 엄마는 이번엔 다 떨어진 고

물들을 아이에게 선물이라고 가져다주기 시작한다. 멜리를 괴롭히면서도, 값싸게 생색을 내는 방법이었을 것이다. 내가 너를 이렇게 생각한다, 이렇게까지 너에게 줄 물건들을 챙겨온다고. 하지만 멜리에게 이 일은 역시 수치스러운 모욕이었다. 앞에서는 차마 싫다 소리 못하고 그런 물건들을 받아들면서 멜리는 점점 우울해졌고 그녀의 아픔을 알아챈 가까운 친구가 물어본다. 무슨 일이 있느냐고. 엄마 이야기를 꺼내자 친구는 세상 사람들의 통념 그대로 이렇게 말한다.

"엄마는 널 사랑하셔!"

때리지도 않고, 먹을 것도 주고, 옷도 주고, 사람들에게 언제나 자신은 멜리를 사랑한다고 말하는 엄마인데, 왜 널 사랑하지 않는다고 생각하니? 친구는 멜리의 말을 믿지 않는다. 그리고 모든 것이 다 잘될 것이라는 공허한 말을 남기고 사라진다. 가족에게서 고통을 받은 아이가 이런 사실을 토로했을 때, 마음 열고 진지하게 그 이야기를 들어줄 수 있는 사람은 누구일까. 멜리의 외할머니도 멜리의 하소연을 외면한다. 외할머니는 '그럴 리가 없다, 네 엄마는 너를 사랑한다, 넌 감사해야 한다, 네가 없었다면 네 엄마의 인생은 달라졌을 거다' 라며 아이를 몰아세운다. 부모에 대해 아이가 이러쿵저러쿵 판단하는 일이 할머니에게는 영 불편했던 것이다. 겉으로 보기엔 언제나 부모가 아이를 위해 희생하는 부분이 훨씬 커보이기 때문이다. 슬퍼하며 집으로 돌아온 멜리에게, 왜 늦었느냐고 따지는 엄마에게 멜리는 마침내 이렇게 외친다.

"재수 없어!"

멜리의 고통은 이제 그녀의 삶을 잠식하기 시작하여 학교에서도 정상적인 생활을 하지 못하게 된다. 십자가를 부러뜨리고, 어린 시절 내내 함께 했던 곰 인형까지 물어뜯는 이상행동을 한 뒤, 마침내 엄마와 함께 정신과의사를 만나러 병원으로 간다. 모처럼의 외출에 근사하게 차려입은 엄마에게 정신과의사는 먼저 돌아가서도 좋다고 한다. 멜리의 엄마가 고통의 제공자이자 배경이었음을 알아차린 것이었을까. 엄마가 머쓱하게 자리를 뜨자 의사는 멜리와 일대일로 만난다. 멜리는 이제야 자신의 고통을 인정하고 이해해줄 수 있는 사람을 만나게 된 것이다.

이 소설은 불과 100쪽이 조금 넘는다. 그럼에도 장편소설 같은 무게가 느껴진다. 멜리처럼 정서적 학대를 받는 입장에 있는 아이들은 의외로 많이 있다. 소설 속 멜리는 상황을 객관적으로 인식할 수 있는 정신과의사를 만남으로 해서 일말의 희망을 잡았지만 현실에서는 부모 이외의 누군가가 나서는 일이 쉽지 않다.

얼마 전 우리나라에서 있었던 사건, 성적이 떨어질 때마다 극단적으로 매를 들던 친엄마를 살해하여 시신을 방치했던 어느 모범생의 이야기는 충격적이다. 그런데 사건이 일어나기 전 지속되었던 그 소년의 일상이 내겐 더욱 충격적이었다. 성적이 조금만 떨어져도 매를 맞았고, 이에 자살 기도를 했다고 또 매를 맞았다. 사흘에 걸쳐 골프채로 엉덩이를 200여대나 맞아 생긴 그 소년의 상흔은 평생 사라지지 않을 것이라고 한다. 그러나 그런 학대를 가하는 사람이 보호자라는 이유로 그 소년의 엉망진창인 삶에 아무도 간섭할 수 없었다. 내가 만약 그 소년의 입장이었다면 그 상황에서 과연 무엇을 할 수 있었을까. 탈출구를 찾을 수 있었을까. 생각할수록 가슴이 답답해진다.

아이가 성장기에 받아야 하는 따뜻한 사랑과 관심이란 곡식을 키우는 비와 같다. 무조건 충분히 내려줘야 한다. 안 내려도 상관없는 게 아니고, 안 내리면 큰일나는 것이다. 그런데 아직도 많은 사람들은 사랑이나 관심은 있으면 좋고, 없어도 그냥 혼자 견디어야 하는 것 정도로 생각한다. 비가 내리지 않아도 좋은 땅은 사막뿐이다. 사막에서조차 선인장은 비를 기다린다. 아직 작고 여린 선인장이라면 더욱 그렇다.

'피투성이 장화를 졸라맨 듯'

_바늘땀

사랑하는데 표현할 줄 몰라……

예전엔 그럴 수 있다고 믿었다. 누군가를 사랑하지만 쑥스러워서 표현 못하는 경우가 내게도 실제로 있었으니까. 그 사람 앞에만 가면 왠지 떨리고 긴장되어서 그냥 도망가 버리는 게 맘 편한 그런 심정. 그러나 그것은 대개 풋사랑이었고, 오래가지 않았다. 잠깐의 호감일 뿐 그런 게 진짜 사랑이라고 생각하는 것은 유치하다. 사랑은 꽤나 진지한 일이고, 많은 품과 노력이 필요한 일이다.

학창 시절 동기들 중 문득 '나 옛날에 너 좋아했었는데' 하는 말을 하는 친구가 있었다.

"그런데 왜 고백 안 했어?"

친구는 쑥스러워했다. 그가 답을 하지 않아도 나는 진실을 알고 있었다. 내게 표현하거나 고백할 만큼 좋아했던 것은 아니었다는 것을. 고백하지 않고도 견딜 수 있을 만큼만 좋아했다는 것을. 그 세월 동안 마음이 들키지 못했을 만큼, 아무런 액션도 친절도 보이지 않았고 사랑이 진전되기 위해 넘어야 할 산, 건너야 할 강을 다

피했던 것이었음을. 예전에도 지금도, 딱 그만큼만 좋아한다는 뜻이므로 새삼 그런 말을 듣는다고 해서 설레진 않는다. 정말 좋아한다면 표현할 수밖에 없다. 어떠한 창피와 수모를 겪더라도 표현하는 게 자연스러운 일이다. 하물며 부모자식관계에서라면 더욱 그렇지 않은가.

그럼에도 여전히 부모입장에서 이런 말을 방패로 삼는 경우를 본다. 마음은 그렇지 않은데 챙겨주지 못했다고, 사랑을 표현하지 못했다고…… 그러나 진실은 이것이 아닐까. 그냥 쉬운 길을 택했던 것이라고. 사랑을 표현하는 것의 수고스러움, 귀찮음을 피했던 것이라고. 그 모든 수고를 인내하고 감수할 만큼 '그렇게까지' 사랑한 것은 아니었다고.

미국의 일러스트레이터 작가 데이비드 스몰의 자전적 그래픽노블 〈바늘땀〉에는 그처럼 매순간 쉬운 길을 택했던 부모와 함께 보내야 했던, 어둡고 삭막했던 그의 어린 시절 이야기가 담겨 있다. 의사인 아버지와 가정주부인 엄마, 그리고 두 아들 중 막내였던 그의 가정은 겉보기엔 아무런 문제가 없어 보였지만 언제나 차가운 냉기가 흘렀다.

식사시간엔 엄마가 포크를 1센티미터만 옆으로 밀쳐도 식탁에 전운이 서렸다. 화병이 한번 도졌다 하면 엄마는 몇 날 몇 주씩 소리 없는 분노로 침잠해 들어갔다.

어린 시절 우리 엄마도 그런 분노와 가장 어울리던 여성이었다. 지금 생각하면 그저 30대 후반의 여성일 뿐이었던 엄마였지만, 나는 엄마가 그렇게 무서웠다. 엄마가 갑자기 짜증을 내며 소리를 치면, 마치 비수가 날아와서 가슴에 꽂히는 기분이 들었다. 엄마의 가시 돋친 욕설은 매보다 참기 어려웠다. 내가 실수를 했을 때 날아오는 짜증은 그럴 수 있다 쳐도, 엄마가 잦은 건망증으로 자신의 물건을 찾지 못해 자식들에게 화풀이를 할 때엔 어린 마음에도 '이건 잘못되었다' 싶었다. 왜 엄마의 건망증을 자식들이 책임져야 하는지, 이해할 수 없었다. 그런 짜증은 예측할 수 없을 때가 많았고, 무방비로 있다가 당할 수밖에 없었다. 가족끼리 화기애애하게 지내다가도 엄마는 갑자기 짜증을 냈다. 엄마에겐 욕설과 짜증을 참는 것보다 터뜨리는 게 늘 더 쉬운 일이었다. 그럴 때엔 아이들 중 누군가 한 명은 울면서 방으로 피해 들어갔다. 그리고 대부분 그 아이는 나였다.

데이비드 스몰의 엄마는 그렇게 폭발하는 식은 아니었지만, 홀로 잔기침을 해대고, 찬장 문을 신경질적으로 여닫으며 집안 분위기를 차갑게 만들곤 했다. 아무 말도 없이 그렇게 얼어붙어 있는 아내와 엄마 앞에서 나머지 가족은 제각각 따로 놀았다. 아버지는 지하실로 내려가 샌드백을 두드렸고, 형 테드는 북을 쳤고, 천성이 예민하고 유약한 데이비드는 앓아눕곤 했다. 그렇게 앓아눕는 데이비드에게 의사 아버지는 치료법으로 엑스선을 쏘아주곤 했다(엑스선의 위험성이 밝혀지기 전의 시기였다).

중산층이긴 해도 그다지 풍족하지 못했던 가정에서 데이비드의 엄마는 늘 돈타령을 해댔다. 지인들과의 사회적 교류에는 돈을 아끼지 않았지만 아이들에게 들어가는 돈에 대해서는 늘 아까워 했다.

가장 치명적인 것은 데이비드의 목에 생긴 혹을 발견하고도 제때에 치료해주지 않았던 것. 의사가 급한 일이 아니라고 하자 부모는 별 걱정 없이 치료를 미룬다. 아이의 치료에 들어갈 돈은 새 자동차, 새 가구, 새 전자제품을 구입하는 데에 들어갔다. 그로부터 3년 반이 지나 열네 살이 되던 해에야 비로소 데이비드는 수술을 받게 된다. 그런데 무슨 일인지 그는 2차 수술까지 받아야 했고 갑상선과 성대 한쪽을 잃어버리게 된다. 소리를 낼 수 없게 된 것이다.

어차피 대화가 없던 가정이었지만, 데이비드에게는 정녕 피할 수 없는 침묵의 시간이 시작되었다. 그리고 혼자 거울 앞에 선 데이비드는 병원 의사들이 자신의 목에 남긴, 마치 '피투성이 장화를 졸라맨 듯' 거칠고 성긴 '바늘땀'을 보게 된다. 그 바늘땀은 그의 유년 시절에 남은 상처의 상징과도 같았다. 결코 사라질 수 없는 흔적이기도 했다.

그 즈음 데이비드가 꾼 악몽은 그가 처한 상황을 암시하기도 한다. 천둥번개가 치는 비오는 거리, 작은 동물이 된 데이비드, 추위에 떨다가 엄마를 외친다. 문득 쓰레기통 옆에 버려진 우산을 주워 펴보지만, 우산은 살만 남아 있어 비바람을 막아주지 못한다. 그날 밤 그는 자신의 병이 단순한 종양이 아니라 암이었다는 사실을 뒤늦게 알게 된다. 하마터면 죽을 수도 있었는데, 아무도 그에게 암이었다는 것을 알려주지도 않았고, 애틋하게 위로해주지도 않았던 것이다.

분노에 찬 데이비드의 일탈 행동이 계속되자 부모는 그를 한 정신과의사에게 데려간다. 소설 〈나쁜 엄마〉의 결말에서는 생략되었던 이야기를 우리는 이곳에서 볼 수 있다. 노련한 의사는 데이비드의 혼란스러운 마음에 한 바가지의 찬물을 끼얹어 준다.

네 어머니는 널 사랑하지 않아.

사랑일 거라고, 그럼에도 불구하고 사랑일 거라고, 데이비드가 애써 외면하고 부인했던 진실은 이것이었다. 사랑이었다면 그렇게 아이에게 무심하지는 않았을 것이다. 사랑이었다면 돈이 없었어도 일단 치료를 시작해주었을 것이다. 사랑이었다면 아이의 마음이 그렇게 망가지도록 내버려두지는 않았을 것이다. 사랑이었다면 그렇게 쉬운 길만 택하며 걸어오진 않았을 것이다.

이 사실을 인정하고 받아들임으로써 데이비드는 비로소 홀로 설수 있게 된다. 기본 전제를 바로잡자, 즉 엄마와 아빠가 자신에게 보여준 것이 사랑이 아니었음을 인정하고 나자, 자신을 오래도록 괴롭혀온 공포증이나 악몽의 이유도 이해하게 된 것이다. 데이비드는 집을 나가 독립한다. 그리고 자신의 꿈이었던 화가의 길을 걸어간다.

나의 경우, 엄마와 달리 아빠는 쉬운 길만 선택하지는 않았다. 아빠는 내게 칭찬도 아끼지 않았지만, 야단치는 일에도 눈치를 보지 않았다. 고3 시절 나는 그야말로 하숙생처럼 집과 학교만 오가며 아무런 말도 하지 않으며 지내고 있었다. 학교에 딱히 친한 친구도 없었고, 집에 와서는 방에 틀어박혔다. 죽고 싶다는 생각은 하지 않을 때였지만 세상과 따뜻하게 연결되어 있다는 느낌도 없었다. 어느 날 아빠는 그런 나를 불러다 앉히고 왜 그러느냐고 야단을 치셨다. 한참 예민한 시기, 말 한 마디에 폭발할 수도 있고 아이의 감정이 180도 바뀔 수도 있던 시기였으니까, 그냥 모른 체 하고 넘어가는 편이 부모 입장에서는 '쉽고 편했을' 것이다. 잔소리쟁이 엄마도 그때, 그런 나를 건드리지 않았다. 그러나 아빠는 위험을 감수했다. 아빠는 건강하지도 않았고 외부 일로 여유가 없었음에도 나를 주의 깊게 지켜보았고, 지금 너는 문제가 있는 것이라고 알려주셨다. 그 앞에서 역시 나는 반항하며 뛰쳐나왔다. 이후로도 여전히 말없이 방에 틀어박혀 있곤 했지만, 그렇게나 밉상인 나를 포기하지 않았다는 점에서 그날 아빠가 보여준 용감한 관심은 마음 깊숙이 든든히 자리잡게 되었다.

수많은 관계가 당장 중요하지 않은 것 같아서, 귀찮아서, 뒷전으로 밀려난다. 하지만 자녀에 대해서만큼은 그렇게 미루기만 해서는 안 될 것이다. 아이는 땅에 서 있는 게 아니라, 시간 위에 서 있다. 아이가 성장하는 시간은 결코 잡을 수도 없고, 되돌릴 수도 없다. 사랑을 보여줘야 할 때 보여주지 않으면 아이는 손이 닿지 않는 곳으로 가버리고, 모든 게 너무 늦어버린다.

　요즘 엄마는 내게 친절하다. 뜬금없는 짜증은 여전해도 예전과 달리 내 안부를 걱정하고 안쓰러워 한다. 이성적으로는 고맙지만, 가끔은 '왜 그럴까' 생각하기도 한다. 그런 걱정이나 배려는 내가 엄마를 간절히 바라던 그 시절, 철모르고 약했던 시절에 받았더라면 더 좋았을 것이다. 모녀의 사랑을 자연스럽게 주고받기엔 좀 늦어버린 엄마와 나를 생각하면 아쉽고, 또 안타깝다.

　데이비드의 엄마는 어떤 사람이었기에 그토록 가정생활을 버거워했고, 사랑하는 능력을 갖지 못했던 것일까. 우선 그녀는 심장을 오른쪽에 달고 태어난데다 허파도 한쪽만 기능을 할 수 있던 아주 약한 사람이었다. 남편이 의사였어도 해결할 수 없는 건강상태였다. 아이들의 민감한 마음을 읽어주거나 다독일 여유가 없었다. 그리고 무엇보다 자신의 엄마, 즉 데이비드의 외할머니로부터 사랑을 배우지 못했던 것으로 보인다.

　데이비드가 외갓집에 놀러갔을 때, 데이비드의 외할머니는 보통의 할머니가 손주를 대하는 방식과는 다르게 데이비드를 다룬다. 손이 야무지지 못한 아이에게 일을 시키고, 말대꾸를 한다고 밥을 주지 않고, 아이를 질질 끌어다가 몸이 델 정도로 뜨거운 물에 씻겨버린다. 아이의 눈에도 외할머니는 '미친' 것처럼 보이는데, 데이비드의 엄마를 양육했던 방식이 이와 크게 다르지 않았을 것이다. 외할머니는 결국 자신의 남편을 지하실에 가두고 집에 불을 질렀다가 정신병원에 감금되고 만다. 데이비드의 엄마는 그 지경까지 가지는 않았지만, 끝끝내 데이비드와 화해하지 못한 채 눈을 감는다. 먼 훗날 데이비드는 엄마가 레즈비언이었고 결혼생활에 적합한 사람이 아니었음을 알게 된다.

가정불화와 아동 학대를 다룬 책들은 이렇듯 대개 자전적이다. 직접 경험하지 않는다면 상세한 정황의 묘사나 이해가 불가능하기도 하고, 이렇게 작품으로 정리하는 것이 자신의 상처 치유에 도움이 되기 때문일 것이다. 만화이지만 소설 구조를 가진 이 책 〈바늘땀〉은 슬프지만 그래도 솔직해서 아름다운 한 편의 작품이다.

데이비드 스몰은 예일대학교 예술대학원을 졸업하여 일러스트레이터로 성장했고 아동물 작가 사라 스튜어트와 결혼하여 부부가 함께 〈리디아의 정원〉이라는 멋진 동화책을 만들어내기도 했다. 그가 이 책 〈바늘땀〉 뒤에 붙여둔 감사의 글에 등장하는 사람들 가운데에는 양아들이 두 명이나 포함되어 있다. 어둡고 참혹했던 어린 시절을 겪었음에도 그가 누군가에게 사랑을 나누어 줄 수 있는 어른으로 성장했음을 알 수 있다.

언젠가 그가 꾸었다던 악몽에는 정신병원에 갇힌 외할머니와 그리고 그 정신병원으로 가는 길을 빗자루로 쓸고 있던 엄마가 등장한다. 데이비드는 그 길을 따라가지 않음으로 해서 대대로 이어진 '나쁜 끈'을 끊어버리는 데 성공했다. 사랑받지 못했으니까 나도 남에게 사랑을 줄 수 없다고 믿으며 행동하는 것은 역시 '쉬운 길'로 가는 것이다. 데이비드 스몰처럼 누군가 쓸어놓은 길을 무작정

따르지 않고, 자신만의 길을 만들어 간다면 부모와는 전혀 다른 삶을 살 수 있게 될 것이다.

집을 떠나는 것이 소망인 아이들
_영화 〈라디오 플라이어〉

어른인 우리는 가끔씩 어린 시절을 그리워한다. 매일 직장에 출근할 필요도 없고, 다달이 나가는 카드 값을 고민할 필요도 없이 주어진 하루를 그냥 놀기만 하면 되었던 그 시절을 말이다. 하지만 정말 어린이의 하루는 행복하기만 할까. 어떤 어린이의 인생 앞에 놓인 장애는 어른의 것보다 훨씬 거대하고 막막하다. 그리고 그 원인은 가장 가까운 사람, 가족의 이름으로 다가오기도 한다.

영화 〈라디오 플라이어(우리말: 하늘에서 온 엽서)〉는 암담한 어린 시절을 견디어야 했던 형제의 이야기를 그린 드라마이자, 판타지다. 라디오 플라이어(Radio Flyer)는 아이들용 장난감 수레의 이름으로 마이크와 바비, 두 어린 형제의 꿈을 이루어준 도구이기도 했다. 그런데 이 아이들의 꿈은 다른 게 아니라 가족으로부터 멀리 탈출하는 일이었다.

남편이 집을 나가고 3개월이 지나도록 소식이 없자 엄마는 아이들과 함께 언니가 있는 LA로 이사를 온다. 남편 없이 혼자서 어떻게 살아가나, 표정에서부터 잔뜩 움츠려들어 있던 그녀는 다행히도 그곳에서 한 남자를 만난다. 그는 사내아이들이 좋아할 만한 일들로, 즉 놀이동산에서 같이 놀아준다든지, 낚시를 가르쳐준다든지 하면서 아이들의 환심을 사는 데 성공한다. 아이들의 새아빠가 되기엔 언뜻 문제가 없어 보였다. 그런데 아이들과 낚시를 하던 중 동생 바비(조셉 마젤로)가 낚싯대를 잘못 다뤄서 미끼가 빠져버리자 그는 벌컥 화를 내며 어린 아이의 뺨을 때린다. 그 자리에 엄마는 없었고, 바비는 아픈 뺨과 놀란 가슴을 혼자 추슬러야 했다. 형 마이크(일라이저 우드) 역시 이 광경을 안타깝게 바라볼 수밖에 없었다. 만약 성인 대 성인의 일이었다면, 한바탕 큰 주먹다짐이 되거나, 폭력사건으로 경찰서에서 해결되어야 할 일이었겠지만, 상대가 어린 아이라는 이유만으로 이 사건은 아무런 사과나 위로도 없이 두 아이들의 침묵 속으로 사라진다. 아동학대가 비겁하고 한심한 것은 현실적인 대처능력이 없는 어린 아이를 상대로 한 범죄이기 때문이다. 그는 태연히 성당에서 엄마와 결혼식을 올리고 새아빠가 된다. 그리고 본격적인 학대가 시작된다.

아이들은 왜 엄마에게 그 사실을 말하지 않았을까. 아이들의 눈에도 엄마는 혼자서는 약하고 불안해 보이는 여자였다. 새아빠를 만나 전과 달리 웃고, 즐거워하는 엄마의 모습을 망가뜨리고 싶지 않았던 것이다. 많은 여성들이 엄마로만 살기보다는 여자로도 살고 싶어 한다. 여성성이 아직 남아 있을 때 여성성을 꽃 피우고 싶다. '엄마' 라는 역할로만 한정된 인생은 너무 무겁고 답답하다.

영화 〈돈 크라이 마미(Bastard Out Of Carolina, 1996)〉에서는 큰딸이 희생자가 된다. 사회부적응자인 새아빠는 말도 안 되는 이유로 아이를 혼내며, 화풀이 대상으로 삼는다. 꼬리뼈가 부러지는 큰 상처를 입고도 딸은 엄마에게 사실을 이야기하지 못한다. 이상한 기운을 눈치 챈 이모가 잘 지내고 있는지, 혹시 성적학대는 없었는지 물어보지만 아이는 과장된 밝음을 보이며 사실을 숨긴다. 자신과 가장 가까운 보호자인 엄마가 애착하는 사람이 나에게는 '악인'이라고 세상에 고발하기란 얼마나 어려운 일인지. '아이는 아무 생각이 없다, 아무 것도 모른다'고 누가 말할 수 있는가. 아이처럼 엄마 입장을 먼저 헤아리고 존중하는 존재가 또 있을까. 결국 엄청난 사건이 벌어진 후에야, 아이는 어둠에서 벗어나게 된다.

마이크와 바비도 그랬다. 엄마는 아이들을 집에 놔두고 밤늦도록 레스토랑에서 웨이트리스로 일한다. 새아빠가 엄마보다 먼저 퇴근한 저녁시간이 바비가 학대받는 시간이다. 그 작은 몸이 멍투성이가 되지만 엄마에게도 형에게도 말을 하지 않는다. 먼저 알아챈 것은 형 마이크다. 동생이 밤새 땀을 흘리며 악몽을 꾸는 모습에 가슴 아파하지만 아이들에겐 아무런 힘이 없다. 엄마가 알아서도 안 된다. 둘을 같이 때리면 그나마 덜 괴로웠을 텐데, 왜 새아빠는 동생만 괴롭히는 것일까. 그 이유는 어느 날 꿈에 나타난 버펄로가 답해준다.

"바비는 대들지 못하거든."

몸은 어른이 되었지만 정신적으로 성숙되지 못한 사람은 자신의 분노를 받아줄 화풀이 대상, 미워할 존재를 필요로 한다. 왕따를 조장하는 청소년들, 뒷담화를 즐기는 주부들, 신참을 구타하는 군인들, 그들도 모두 자신의 불행이나 결핍을 다른 이에게 투사하고 그를 괴롭힘으로써 자신의 힘을 확인하고 싶어 한다. 그런 대상은 자신보다 어리고 약할수록 좋다. 그래야 만만하다. 대들지도 못한다. 누군가에게는 어리니까 더 귀엽고 사랑스러운 존재지만, 이런 이들에게는 어리니까 그저 더 만만한 먹잇감이 되는 것이다. 어린 바비는 '그만하라'는 외마디만 지르며 새아빠의 매를 고스란히 맞을 수밖에 없었다. 이 정도면 바비의 인생 최대 목표가 집에서의 탈출이 될 법하지 않은가.

초등학생 정도인 아이들도 자살을 꿈꿀 때가 있다고 한다. 나 역시 초등학교 4학년 때 죽고 싶어서 유서를 쓴 적이 있었다. 처음엔 가출 정도를 생각했지만, 매일 집이 아닌 여관을 전전하며 산다는 것이 비현실적이라는 생각이 들자, 그냥 죽는 게 낫겠다는 쪽으로 생각이 넘어갔다. 재미없고 답답하기만 한 학교생활과 4남매 중 가장 어린 내가 엄마의 짜증을 주로 받는 대상이라는 현실에 지쳤던 것이다. 학교도, 집도 편하거나 안락하지 못했다. 유서를 쓴 것은 죽기 전의 어떤 절차라고 생각했기 때문인데, 그걸 부모님께 들켜버리고 말았다. 그리고 보면 어떤 방식으로 죽을 것인가는 미처 생각하지 못했었다. 진짜 나는 죽고 싶었던 것일까. 다만 유서를 쓰는 일이 그때 내가 할 수 있는 유일한 액션이었던 것 같다. 지금 이대로는 견딜 수가 없는데, 이 세상의 수많은 사람들 중 하나일 뿐인 내가 이 모든 슬픔과 역경을 참아내고 굳이 살아남아야 할 이유가 뭔지 묻고 싶었던 것 같다. 이렇게 매일 욕을 먹고 구박을 받으면서도 내가 살아 있어야 되나? 그럴 가치가 있는가? 그런 걸 말이다. 물론 자살을 생각했던 것은 지나쳤지만, 그런 욕이나 구박에는 비록 어린 아이였어도 결코 길들여지거나 익숙해질 수 없었던 게 사실이다.

마이크와 바비가 느낀 압박감은 나보다 더 심했다. 결국 두 소년이 찾아낸 방법은, 새아빠와 함께 있는 시간을 피하기 위해서 엄마가 출근할 때쯤 집을 나가 엄마가 돌아올 때까지 집 밖으로만 다니는 것이었다. 집 밖에도 말썽꾸러기 동네 친구들의 위협이 존재했지만, 새아빠의 폭력보다 무섭지는 않았다. 그리고 그들은 돈을 모으기 시작한다. 그들의 거대한 계획을 위해서 말이다.

그리고 틈틈이 그들이 말하는 소원바위에 가서 '더 이상, 새아빠에게 혼나지 않기를' 간절히 기도한다. 그러나 평화로운 날은 지속되지 않았다. 새아빠의 폭력으로 마침내 바비는 병원에 입원까지 하게 된다. 이번엔 엄마도 모든 사실을 알게 된다. 그러나 새아빠가 감옥으로 가자 엄마가 히스테리를 보인다. 그리고 임시석방으로 집에 온 새아빠가 무릎 꿇고 용서를 빌자 아이들은 역시나 모든 것이 예전 그대로 돌아오게 될 것임을 깨닫는다. 아이들은 계획을 보다 구체화시키기 시작한다. 그 계획은 10년 전에 있었던 사건, 이 마을의 전설과 같은 방법으로 마을을 떠난다는 것이다. 전설의 내용은 이렇다. 피셔라는 소년이 자전거를 타고 언덕을 달려 내려왔다가 지붕을 타고 올라서 잠깐이나마 하늘을 날았다는 것. 그것은 어쩌면 동네 근처에 있던 공항, 그곳을 오가는 비행기를 보며 마을 소년들이 꾸던 꿈이자 환상이었을지도 모른다. 그러나 마이크와 바비는 그걸 굳건히 믿는다. 그래서 낡은 잔디깎기 엔진과 고물 자전거, 그리고 생일선물로 받았던 수레 '라디오 플라이어'를 결합하여 그들만의 비행선을 제작한다.

탈출을 꿈꾸면서 형제는 언제부터인가 암묵적으로 둘이 나눈 약속, 바비는 떠나고 마이크는 남는다는 것을 다시 확인한다. 같이 떠나지 않는 이유는 여전히 엄마를 위해서다. 둘 다 가버리면 엄마를 보살필 수 없으니까, 새아빠의 주요 타깃인 바비만 떠나고 장남인 마이크는 남기로 한 것이다. 그렇게 바비는 '라디오 플라이어'를 타고 마을을 떠난다. 길은 너무 길어서 잘못하면 사고로 죽을 수도 있었다. 그러나 피셔가 날아간 그 코스 그대로, 그렇게 언덕 위를 날아서 바비는 마을을 떠나 사라진다. 마을뿐만 아니라, 새아빠의 폭력으로부터도 떠났고, 가련한 엄마의 품에서도 떠난 것이다. 걱정하는 엄마에게 마이크는 이렇게 말한다.

"바비는 이제 안전해요."

어느 날 거짓말처럼 바비의 엽서가 집으로 날아온다. 삐뚤빼뚤한 아기 글씨로 가족의 안부를 묻는 바비의 엽서가 온 것이다. 이후로도 세계 곳곳에서 바비의 엽서는 날아온다. 마이크가 대학생이 될 때까지도 계속. 이것은 사실일까.

우리는 이 모든 이야기를 현재 시점에서 아직 어린 두 아들에게 들려주는 성인이 된 마이크의 표정에서 진위를 가늠하는 수밖에 없다. 배경음악은 여전히 경쾌하고 그는 씩씩한 표정을 잃지 않는다. 가정폭력을 피해 떠난 동생이 어디로 사라졌는지 정말로 비행사가 된 건지, 지금 바비는 어디에 있는지, 그는 말을 아낀다.

이 영화를 처음 봤을 때 나는 그런 그의 표정에 속았고 안심했다. 바비는 정말 비행사가 되었구나, 어딘가에서 잘 살고 있구나 하고. 그런데 두 번째 보았을 때에는 엉엉 울고 말았다. 마이크의 눈에 반짝이던 눈물을 뒤늦게 발견했던 것이다.

어느 평론가의 비난처럼 영화는 얼핏 모호한 결말과 비현실성으로 아동학대 문제에 대해서 어떠한 대안도 제시하지 않은 것처럼 보인다. 하지만 새아빠가 큰 벌을 받고, 바비와 마이크는 안전한 곳에서 행복하게 살게 되었다는 결말이 꼭 필요했던 것은 아니다. 이 영화의 모호한 결말은 오히려 지금도 어느 하늘인가를 날고 있을 것만 같은 바비를 끊임없이 생각하게 해준다. 어떻게 바비를 잊을 수 있을까. 아이들에게도 죽도록 도망치고 싶은 현실이라는 것이 있고, 그런 현실을 결코 가볍게 생각해서는 안 된다는 것까지 말이

다. 바비가 자유를 포기한 채 새아빠의 폭력에 길들여지는 낙오자
가 되지 않은 것만으로도 이 영화는 해피엔딩이다.

PART 02

♥

미울수록 그리운 엄마

세상에서 제일 아름다웠던 엄마

_나쁜 딸 루이즈

최근 들어 많은 사람들이 말한다. 엄마들도 제발 자녀만 위하지 말고, 자신의 삶을 추구해야 한다고. 왠지 나는 이 말을 들을 때마다 가슴이 서늘해진다. 자녀만을 위하는 삶이 어떤 삶인지는 몰라도 그들이 대안으로 제시하는 엄마 자신만의 삶을 엄마들이 살기 시작할 때, 자녀들에게 어떤 일이 벌어지는지 정말 그들이 알고 하는 말일까, 걱정스럽다. 물론 그들은 자녀들과도 우호적인 관계를 유지하는 한에서의 엄마 자신의 삶을 말하는 것이겠지만, 그게 그리 쉽지는 않을 것이다. 사람의 눈은 360도를 보지 못한다. 앞만 보려고 결심하는 순간, 뒤는 그야말로 '아오안' (아웃오브안중)이 되는 것이다.

엄마는 우리 4남매가 아주 어릴 때부터 '자신만의 삶' 을 꿈꾼 분이다. 좋게 보면 진취적이지만, 지극히 개인주의적이기도 했다. 늘하던 얘기가 '너희들한테 안 기대! 난 늙으면 나 혼자 살 거야!' 였다. 조금만 늦게 엄마의 신조를 발휘했더라면 좋았을 텐데 나에 대한 보살핌은 너무 일찍감치 거둬졌다. 엄마와 살뜰한 정을 나누고 싶었던 보통 딸로서의 의지도 차단되었다. 엄마와 한 집에 살면서 나는 내 도시락을 내가 싸가지고 다니며 고3시절을 보냈다. 엄마의 관심사는 늘 나 아닌 다른 것에 있었다. 엄마는 소신대로 '자신만의 삶'을 사는 것으로 보였고, 아빠가 돌아가시고 난 후엔 더욱 그렇게 보였다.

그렇게 자신만의 삶을 살면서 거리를 두었던 자식들이어도 노후엔 필연적으로 다시 만나게 된다. 특히 우리나라의 정서상 서로 완전히 '나 몰라라'가 되지 않는다. 그러다 보니 가족이라면 진작 파악했어야 할 취향이나 성격 등을 알아채지 못해서 서로 실망시키기도 하고 오해하는 일이 이어진다.

"너, 두부 좋아하지? 잘 먹었잖아."

"아니, 엄마. 난 콩 종류 안 먹어(내가 먹었다면 아마도 다른 먹을 게 없어서 먹었을 거야)."

때론 서로의 마음속에 전혀 다른 사람을 엄마로, 딸로 품고 있는 게 아닌가 하는 생각도 든다.

그런 점에서 내가 만날 수 있다면, 언어만 서로 통한다면 자전소설 〈나쁜 딸 루이즈〉의 저자 쥐스틴 레비를 만나고 싶어진다. 루이즈가 느낀 복잡한 감정은 어쩌면 자식보다 다른 것이 우위에 있는 엄마들, 그리고 그런 엄마와 소통하지 못했던 딸들 대부분이 느꼈던 공통의 감정이 아닌가 한다. 그리고 모든 면에서 루이즈는 누구보다 더 나쁜 환경이었다.

루이즈의 엄마 알리스(이자벨 두트르뤼뉴)는 70년대의 아주 아름 답고 유명했던 모델이었다. 인터넷 검색으로는 그녀의 사진을 구할 수 없지만 아래와 같은 표현으로 미루어 짐작할 수 있다.

> 엄마가 세상에서 제일 아름다운 여자였다는 말은 그냥 하는 말이 아니라 진짜였다. 엄마가 미니스커트를 입으면 교통 체증이 일어났 고 남자들은 길에서 휘파람을 불어댔다. 그러면 엄마는 독특하면서 도 우아하고 경쾌한 아름다움을 뽐내면서 아! 내 모자 때문인가 봐, 신발 때문인가 봐, 봄이라서 그런가 봐, 라고 말하곤 했다.

그러나 이렇게 아름다운 여성이 오드리 헵번처럼 심성까지 올바 르고 따뜻하기란 흔하지 않은 모양이다. 그냥 아빠의 젊은 애인이 었거나 새 엄마였더라면, 오히려 이해하기 쉬울 스타일이라고 할 까. 어린 루이즈를 다독이고 챙기는 역할은 버려두고 그녀는 자신 만의 삶에 흠뻑 빠져 지냈다. 술이나 대마초에 취해 쓰러져 아이를 학교에 보내지 못한 적이 많았다. 루이즈의 아빠와 이혼 후에는 다 른 남자와 두 번 정도 더 결혼을 했다. 낯선 사람들에게 동정을 베 풀기도 했지만 친구들에게 사기를 치기도 했다. 여행도 잦았지만 구치소에서 1년이나 갇혀 지내기도 했다. (이런 엄마를 지켜보면서 쥐스틴 레비가 불과 스물한 살에 〈만남〉이라는 자전적 소설을 썼던 것은 자연스러운 일이었다. 때론 난해하고, 때론 원망스럽고, 그럼 에도 저버릴 수 없는 엄마에 대해서 세상에 이야기하고 싶은 것이

가슴 가득했을 것이다.) 그런 엄마가 이제 늙고 암에 걸려 병원에 입원한 동안, 루이즈는 자신의 애인 파블로와의 사이에 아이가 생긴 것을 알게 되고, 덜컥 이러한 공포에 휩싸인다.

> 늦었으니까 일찍 자러가는 것, 바보 같은 짓을 했으니까 혼이 나는 것, 바보 같은 짓이 무엇인지 아는 것, 그렇다. 내가 사랑한 건 이런 거고, 딸에게 가르치고 싶은 것도 이런 거다. 그런데 어떻게 그런 걸 할 수 있을까? 내가 갖지 못한 걸 어떻게 아이한테 줄 수 있을까? 보통의 엄마가 어떻게 사랑하는지, 어떻게 아이를 기르는지, 어떻게 혼을 내는지, 어떻게 벌을 주는지, 어떻게 숙제를 시키는지, 어떻게 아픔을 달래주는지, 내가 알기나 할까?

방임하는 엄마를 둔 자녀들이 가지는 걱정이 이런 것이다. 세상 사람들은 다 아는데 나만 배우지 못해 모르고 사는 뭔가가 있는 게 아닐까, 심지어 꼭 알아야 하는 것임에도 놓치고 사는 게 있는 건 아닐까. 약혼이나 결혼, 그리고 임신과 출산을 겪는 딸이라면 더욱 엄마의 관심과 지혜가 절실한데 유용한 조언을 엄마에게 기대할 수 없다면 무척 쓸쓸하고 막막할 것이다.

인터넷 커뮤니티에 올라오는 글에서 보이는 엄마와의 갈등도 주로 결혼, 임신, 출산을 두고 일어나는 경우가 많다. 일찍이 짐작은 했지만 엄마의 지나친 속물근성을 발견했다거나, 먼저 아기를 길러본 선배로서 전혀 위로나 도움을 주지 않는 엄마 앞에서 딸들은 때로 분노하고, 때로 나약해지면서 가슴 답답해 한다. 딸이 엄마가 되면 엄마 마음을 이해하게 된다던데, 막상 아기를 낳고 보니 정말 사랑스러워서, 이렇게 예쁜 자식에게 어떻게 엄마는 그토록 무심하고 모질 수 있었는지 이해가 안 간다는 글도 있다.

그러나 아무리 밉고 원망이 가득했던 엄마였어도 가슴 하나를 도려내고, 머리도 다 빠진 채 입원실에 누워 있는 엄마 앞에서 루이즈는 마음 약해질 수밖에 없다. 이제는 향기가 아니라 냄새가 나는 엄마지만, 유명 모델이던 엄마의 이름조차 제대로 외우지 못하는 병원 원장에게 루이즈는 서운함을 넘어선 분노를 느끼고 보다 성의 있는 의사를 열심히 찾아보기도 한다. 적어도 엄마를 '존중하는 척이라도 해줄' 수 있는 의사를.

사실 엄마가 아픈 것은 딸에게 있어서는 세상에서 가장 '나쁜' 일일지 모른다. 루이즈나 나처럼 나쁜 딸이어도 엄마가 아픈 것만은 싫다. 엄마가 정말 미울 때가 많았지만, 이상하게도 엄마가 없어진다고 생각하면 그것은 엄마가 미운 것보다 더 싫었다. 미운 엄마는 미운 엄마답게 그냥 당당히 자기 자리에 버티고 서서 딸이 던지는 돌이든 원망이든 받아주고 때로는 반격도 해줄, 그런 존재이길 바란다. 그런 딸의 마음을 루이즈는 이렇게 표현한다.

하늘은 죽을 수 없었다. 달도 엄마도 그럴 수 없었다. 나는 생각했다. 엄마가 죽는다면 그건 배가 하늘을 날고, 고양이가 새처럼 지저귀고, 집이 목청 높여 노래 부르는 것과 마찬가지라고, 그런 일은 일어날 수가 없었다.

3년 전, 엄마가 관절염 때문에 걸을 때마다 무릎이 아프고, 심지어 밤에 잘 때조차 아프다는 말을 처음 했을 때, 그 통증이 어떤 것일지 짐작해보려고 골똘히 생각하다가 나는 밤을 꼴딱 새곤 했다. 어디가 아프다는 말을 엄마가 한 것이 처음이기도 했고, 그 통증 때문에 어딘가 기죽은 엄마 모습도 너무 낯설었다. 엄마만 생각하면 시시때때로 눈물이 나고, 고맙고 애틋해하는 보통의 딸들과는 달리 엄마 앞에서 여전히 무뚝뚝하고 같이 있는 시간이 두 시간만 넘어도 지쳐버리는 딸이지만, 엄마가 아파하는 것은 싫었다. 막내딸이 마구 미워해도 괜찮을 만큼, 그래도 죄책감이 들거나 미안하지 않을 만큼, 뻔뻔하고 건강하게 잘 살았으면 싶었다.

그러나 루이즈의 엄마는 한 시간 남짓한 수술로 나을 수 있는 관절염이 아니고 말기 암이었다. 그리고 마침내 루이즈의 엄마는 손녀가 태어난다는 소식도 못들은 채 눈을 감는다. 엄마의 유품을 정리하면서 루이즈는 엄마의 삶을 다시 돌아보게 되고, 뜻밖에도 엄마의 휴대폰에 1번으로 저장된 번호가 자신이라는 것도 알게 된다. 그렇게 많은 애인과 친구들을 두었던 엄마에게 그래도 변함없는 영순위는 딸이었다. 마침내 루이즈에게도 딸이 태어난다. '앙젤', 이 아기를 두고 루이즈는 이렇게 맹세한다.

나는 담배를 끊기로 했다. 강해져야 돼. 마약을 해서도 안 되고 멍청한 짓을 해서도 안 되고 감옥에 가서도 안 돼. 아기를 위해서는 늙어서까지 오래오래 살아야 해. 이 애한테는 자기만의 진짜 엄마가 있어야 된단 말이야. 엄마라는 게 얼마나 중요한 건데. 꾸물대지 말고 아예 지금 당장 끊어야 한다고!

루이즈 같은 딸이라면 분명히 자신의 엄마와는 정반대의 길을 걷는 게 맞을 것이다. 하지만 그렇게 엄마 같은 엄마가 되지 않겠다고 결심했음에도 불구하고 엄마 역할은 쉽지 않다. 사흘 만에 모유수유를 포기하기도 하고 사람들에게 불만을 터뜨리기도 한다. 아기는 밤낮으로 울어대고, 집안 곳곳은 먼지로 뒤덮여 있고, 냉장고 정리도 해야 하니 이 모든 스트레스 앞에 담배를 끊기로 한 결심이 얼마나 갈지 걱정이다. 그러다 보니 엄마가 그리워지는 걸까. 문득 세상 곳곳에서 죽은 엄마의 자취가 보인다. 심지어 아기의 시선에서 엄마의 시선이 느껴진다. 엄마가 거기에 있는 것이다. 어쩔 수 없는 삼대 간의 일체감이었을까.

이제 내 딸의 시선 속에 엄마의 시선이 있다. 엄마는 바로 거기에 있다. 나는 그 속에서, 그 몸짓에서, 두 배로 사랑받는 내 작은 딸의 초조하고, 약간은 충동적인 그 몸짓에서도 엄마의 모습을 발견한다. 들어가면 안 되는 잔디밭을 뛰어다니는 앙젤의 모습 속에 엄마가 살아 있다. 앙젤이 자기를 붙잡아 꾸짖는 어른들에게 해볼

테면 해보라며 쏘아볼 때 엄마가 내게 말하고 미소짓는다. 앙젤이 넘어져도 울지 않으려고 이를 악물고 벌떡 일어날 때 엄마가 거기 있다. 엄마는 자신이 지르지 않은 고함 속에, 자신이 짓지 않는 저 씩씩한 아이의 찡그린 표정 속에 머문다. 내 아이의 곳곳에 엄마는 자신의 흔적을 남긴 것이다.

그렇다. 나 같은 딸이 언제나 약자인 것은, 엄마라는 존재가 세상에 하나뿐이기 때문일 것이다. 어떤 존재도 엄마와 대체가 안 된다. 자식은 여럿일 수 있어도 엄마는 하나다. 그리고 대부분 엄마는 먼저 떠난다. 어디로든.

엄마, 치매에 걸려주셔서 고마워요

_나의 엄마 시즈코상

　나의 어린 시절, 잊히지 않는 장면 중 이런 게 있다. 엄마 생신에 선물이라고 태어나서 처음 플라스틱 반지를 사서 의기양양하게 내밀었을 때 엄마가 "돈 아깝게 이런 건 왜 샀어?"하며 내 손을 뿌리쳤던 일. 지금도 그 날의 분위기, 그 순간의 낭패감이 기억난다. 잘해야 다섯 살 혹은 여섯 살이었다. 물론 그런 반지를 돈 주고 사는 것은 어른의 시각에서는 아까운 짓이 맞다. 그래도 그건 그냥 반지가 아니고, 용돈을 아껴서 산, 막내딸이 생애 처음 보인 '성의'였다. 엄마들이 흔히 '딸 키우는 맛'이라고 표현할 만한 일이기도 했다. 그런데 그렇게 성의를 무시당하고 나니, 단순한 슬픔이라고 하기에는 부족한, 아주 여러 가지 복잡한 감정과 판단이 오갔다. 슬픔은 누군가 위로라도 해줄 때 슬픔이 된다. 혼자 떠안은 그 난감함은 그날의 이미지 그대로 꽤 오래 가슴 속에 남아 있었다. 이 책 〈나의 엄마 시즈코상〉은 그런 내 이야기를 듣고 작은언니가 권해줬던 책이다.

　이 책의 저자 사노 요코도 어린 시절 엄마가 자신이 내밀던 손가락을 매몰차게 뿌리쳤던 때를 기억한다. 작고 사소한 행동이지만 아이들은 그 의미를 알아차린다. 그 순간 그녀는 '두 번 다시 엄마 손을 잡지 않을 거야!' 라고 결심했다.

사노 요코는 〈백만 번 산 고양이〉외에 많은 그림 동화를 쓰고 그린, 일본의 동화작가이다. 그녀는 말년이 되어, 암 투병을 하는 와중에 이 책을 썼다. 아마도 평생 가슴 속에 안고 살았던 마음의 짐을 죽기 전에 덜어내고 싶었던 모양이다. 엄마와의 불편한 관계, 평생 애증이 들끓었던 그 관계를 토로해내는 것은 유명 작가인 그녀에게도 죽기 직전에야 가능했던, 쉽지 않은 일이었다. 일방적으로 엄마에게 미움을 받는 관계였어도 딸이 스스로 죄책감과 수치심을 갖게 되는 것은 세계 어디나 비슷한 양상이다.

그녀의 엄마는 전쟁 중에 7남매를 낳고 길렀다. 그 중 세 명이 어린 시절에 병으로 죽었고 죽은 아이들 중 하나가 엄마의 기대와 사랑을 듬뿍 받던 장남이었다. 요코보다 두 살이 많던 그 아들은 11살이 되던 해에 고열로 인한 병으로 세상을 떠났다. 그때 미친 사람처럼 괴로워하던 엄마는 이후 모든 불만과 불평을 맏딸이 되어버린 요코에게 퍼붓기 시작했다. 단짝 친구 같던 오빠를 잃은 것은 요코에게도 큰 슬픔이었는데, 엄마에게 그것은 보이지 않았다. 그림을 잘 그리던 오빠에게 선물로 왔던 그림물감을 요코가 대신 쓰게 되었고, 그 결과 사생대회에 나가 상을 받아오자 잘했다는 칭찬 대신에 이런 말을 한다.

"네 오빠가 살아 있었더라면 뭐라고 했을까? 요코, 널 건방지다
고 했을 거야."

보통의 엄마였다면 '잘했다, 죽은 네 오빠도 기뻐하겠지?'라고
하지 않았을까. 죽은 형제와의 관계까지 이간질하는 엄마의 모습에
요코는 경악한다. 사이좋았던 오누이였고, 오빠라면 절대로 그렇게
생각할 리가 없었다. 그냥 엄마의 마음이 그러했던 것이다. 요코의
생각처럼 엄마는 어차피 누군가 죽어야 했다면 아들대신 딸이 죽기
를 바랐을 지도 모른다. 열 손가락 깨물어서 '덜 아픈 손가락'은 있
고 그렇게 미운 털이 박혀 학대의 타깃이 되어버리면 무슨 일을 해
도 소용이 없어진다. 오빠가 죽은 뒤 오빠가 하던 일, 물을 양동이
에 길어오는 일은 요코가 맡아서 하게 된다. 그밖에 막내 동생의 기
저귀를 강에 가져가서 빠는 일, 밭에 자란 풀을 뽑는 일도 요코의
몫이었다. 그렇게 매일 일을 하던 어느 날 지겨워서 잠깐 놀다가 늦
게 집에 들어가면 엄마는 요코의 머리를 기둥에 대고 쿵쿵 찍었다.
일을 해도 매질, 안 해도 매질이었다. 오기가 발동해서였을까. 그런
와중에 공부도 잘해서 전 과목 수를 받은 성적표를 가지고 가면 엄
마는 "당연한 거 아냐? 이런 시골에는 농부의 자식들뿐이잖아!"라
며 코웃음 쳤다. 엄마의 기대에 부응하고 싶었고, 칭찬 받고 싶었던
어린 요코의 의지는 이렇게 번번이 무산되었다. 나중에는 엄마에게
매를 맞으면서 '어차피 죽을 거면 빨리 죽자'는 생각에 눈을 뒤집
고 죽은 시늉까지 한다. 냉혹한 엄마의 곁에서 요코는 점점 미련스

럽게 버티고, 견디고, 어지간해서는 울지도 않는 여자가 되어간다.

맏딸에게는 이처럼 적나라한 감정을 표출했던 엄마는 다른 면에서는 거짓말과 포장을 일삼았다. 좋게 보면 보통의 여자들이 흔히 보이는 허영이겠지만 딸의 입장에서는 이해하기 힘든 일이다. 엄마들의 거짓은 언제나 딸들에게 들킨다. 그리고 딸들은 엄마의 나이가 되기 전까지는 절대로 그것을 이해하지도 용서하지도 못한다. 사실 가보지도 못한 나라를 가봤다고 한다거나, 없는 물건을 가지고 있다고 뻐기는 정도는 귀엽다. 시즈코상은 엄청나게도 자신의 어머니와 두 동생의 존재를 숨겼다.

요코는 외할머니는 돌아가셨고, 엄마의 형제는 이모 하나뿐이라고 알고 있었다. 그런데 어느 날 할아버지 댁을 방문했다가 그곳에서 낯선 사람들을 보게 된 것이다. 지적장애를 가진 한 여성과 그와 비슷한 또 한 명의 남자가 그곳에 있었다. 엄마는 그들을 그저 병에 걸린 친척이라고 했지만, 요코는 이모에게서 진실을 듣는다. 둘 다 엄마의 친동생이라고. 그리고 외할머니는 집을 나갔던 것뿐이라고.

집안마다 한두 가지의 불미스러운 사정은 있다. 그걸 모든 사람에게 떠벌릴 필요는 없지만 자녀에게는 알렸어야 하는 게 아닐까. 가족이 되려는 상대에게도 마찬가지다. 요코는 엄마와 달리 지적장애인 외삼촌과 이모의 존재를 약혼자에게 밝힌다. 모든 일에 정직해야 한다고 믿었고, 거짓말을 한 엄마에 대한 반발심도 있었을 것이다. 약혼자는 파혼 의사를 밝혀왔고 가까스로 결혼까지는 갔지만 결국 이혼으로 끝을 맺는다. 그런 상대라면 거짓말로 포장했더라도 결과는 같았을 것이다.

요코의 아버지는 요코가 19세이던 해, 50세의 나이로 세상을 떠났다. 그리고 엄마는 네 명의 자식을 끌어안은, 마흔두 살의 과부가 되었다. 그 나이에 처음 세상으로 나가 시립모자원에서의 일을 시작한 엄마는 강인하게 삶을 꾸려간다. 딸에게는 냉혹했지만 사회적 약자들에게는 일자리를 찾아주고 위로와 격려를 보태주는 그런 일을 엄마는 아주 잘해냈다. 엄마에게 새 남자가 생겼다는 제보를 요코는 동생에게서 듣기도 한다. 언제나 싫었고, 아빠가 살아계실 때나 돌아가신 후나 여전히 싫은 엄마니까 요코는 그런 얘기를 들어도 놀랍거나 실망스럽지 않았다. 그러나 70세에 위암으로 위장의 일부를 도려내고, 억센 며느리의 구박덩이가 되었을 때엔 엄마는 더 이상 능력 있고 강인한 엄마가 아니었다. 그리고 마침내 여든의 나이에 엄마는 치매에 걸린다. 안쓰럽지만 그렇다고 평생 조화하지 못했던 사이에서 애정이 갑자기 샘솟을 리 없다. 요코는 엄마를 실버타운에 모신다. 무리하게 돈을 마련해서라도 그렇게 할 수밖에 없었다. 그녀는 이렇게 자조한다.

나는 어머니를 돈으로 버렸다. 사랑 대신 돈을 지불했다.

만약 요코가 엄마를 집에서 직접 모셨다면, 일도 사회활동도 그

만두고 엄마만 돌보았더라면, 그녀의 고백처럼 그녀는 엄마를 학대
했을지도 모른다. 관계는 더욱 최악으로 치달았을 것이다. 결코 그
방법이 최선은 아니었다. 하지만 요양소에서 단조롭게 지냈기에 엄
마의 치매 진행이 더 빨라졌을 거라는 의심도 거둘 수는 없다. 부모
의 치매 앞에 모두를 만족시키는 명쾌한 해결책을 내놓을 수 있는
자식이 어디 있을까.

치매와 노화로, 어느덧 더 이상 허세를 부릴 수도 없고, 그럴 필
요도 없어진 상황이 되자 비로소 엄마는 아주 맑고 투명한 영혼이
된다. 그리고 어느 날 눈물을 흘리며 엄마에게 '미안해요'라고 울
부짖는 요코에게 엄마는 평생 한 번도 입에 담지 않았던 말을 한다.

"나야말로 미안하다. 네가 잘못한 게 아니란다."

그동안 "어머, 난 자식 같은 건 낳지 않았어!"라고 하던 말이 진실
인지 이 말이 진실인지 알 수 없지만, 요코는 이 말에 감격하여 평
생의 미움을 일순간 잊은 채 이렇게 외친다.

"엄마, 치매에 걸려줘서 고마워요. 하느님, 어머니를 이렇게 만
들어주셔서 고맙습니다."

일생에 걸쳐 가장 미운 사람이 하필이면 엄마라는 사실은 요코
같은 딸들에게 끝을 알 수 없는 죄책감을 평생 갖게 한다. 알아채기

쉬운 사랑, 받아들이기 쉬운 사랑이 아니라 배배꼬인 감정을 투사하는 엄마 앞에서 딸은 고통스럽다. 차라리 친구라면, 친척이라면 거리를 두고 단절하여 각자의 삶을 살아갈 텐데 엄마와는 그러기가 쉽지 않다. 이렇게까지 서로 미워하면서 사는 게 어떤 의미가 있을까? 하는 회의가 들기도 한다. 그런데 그런 와중에도 시간은 흐른다. 그리고 언제나 같은 일만 벌어지지는 않는다. 그때의 반지보다 훨씬 못한 선물을 내밀어도 이제 우리 엄마는 웃으며 받는다. '두 번 다시 엄마 손을 잡지 않을 거야'라고 결심했던 요코는 늙어서 쭈글쭈글해진 엄마의 손을 잡고 운다. 거친 산과 같은 엄마를 바라보며 어느 새 딸은 깊은 강이 되었다.

나르시시스트 엄마들

_과연 제가 엄마 마음에 들 날이 올까요?

아기를 정말 좋아하는 여자들이 있다. 길에서든 지하철에서든 엘리베이터에서든 아기만 보면 '어머, 예뻐!' 하고 비명부터 지른다. 결혼은 안 하더라도 아기는 꼭 갖고 싶다는 여자들도 보았다. 그런 모습을 나는 꽤 오랫동안 '마치 다른 별의 일처럼' 건조한 시선으로 바라보기만 했었다. 공감하지 못했다. '난 수학문제 푸는 게 정말 좋아!'라고 하는 것처럼 이상하게 보였다. 아기는 화초나 애완동물처럼 간단히 기를 수 있는 존재가 아니야, 라고 생각했다. 언제나 연상되는 최악의 장면은 갓난아기와 내가 같이 외출했을 때, 갑자기 내가 배가 아파져서 화장실에 가야 하는데 아기를 둘 곳이 없어 전전긍긍하는 상황이었다. 오래된 지병과도 같던 과민성대장증상 때문이었겠지만, 그 생각만 하면 아기를 갖고 싶다는 마음이 뚝 사라졌다. 아이의 모든 것을 24시간 책임져야 한다는 엄마로서의 부담감이 내겐 그런 이미지로 온 것이었다.

그때 난 아기는 계속 자란다는 생각을 하지 못했다. 대여섯 살 꼬마만 되어도 화장실 문 앞에서 기다릴 수 있고, 청소년이 되면 엄마를 위해 화장실을 먼저 찾아줄 수도 있고, 마침내 의젓한 성인이 되면 '엄마, 다녀오세요. 난 요 앞의 카페에서 기다릴게!' 라고 하게 될 것이었는데. 성장의 마법이 얼마나 드라마틱하고 감동적일지 생각하지 못한 채, 그 한 번 있을까 말까한 난처한 상황이 마치 영원히 계속될 것처럼 두려워했다.

불과 수년전부터야 비로소 아기란 정말 예쁘고 신기한 존재라는 생각을 하게 되었고, 그렇게 잔뜩 겁에 질렸던, 한심했던 나의 과거가 후회스러웠다. 그러나 한편으로는 또 그렇게 철없는 마음을 가진 상태에서 결국 아기를 갖지 않았던 것, 엄마가 될 자격이 없었을 때 덜컥 아기를 가졌다가 귀찮음과 난처함을 모두 아기에게 투사하지 않았던 것 그 자체는 다행이라고 생각한다.

많은 여자들이 당연한 통과의례처럼 결혼을 하고 아기를 낳는다. 엄마가 된다는 것이 어떤 것인지 깊이 성찰해보지 않은 채 말이다. 그 결과 가치관이나 성격상 전혀 결혼이라는 제도에 어울리지 않는 사람들조차 아내가 되고, 엄마가 되고, 아이들을 키우는 경우가 발생한다. 엄마가 되는 일에도 자격이 필요할까? 나는 필요하다고 본다. 조건 없이 아이를 사랑하고, 격려하고, 힘을 실어주는 것. 모든 상황에서 아이보다 1%라도 더 인내하는 힘을 갖는 것. 그런데 세상에는 그런 것이 불가능한 엄마들이 있다. 이 책 〈과연 제가 엄마 마음에 들 날이 올까요?〉는 그들을 '나르시시스트 엄마' 로 규정한다. 나르시시스트 엄마는 현대 사회에서 부쩍 늘어난, 그리 낯설지 않은 모습들이기도 하다.

앞 장의 〈나의 엄마 시즈코상〉에 나오는 요코의 엄마의 경우, 치매에 걸리기 전, 일생에 걸쳐 '미안하다'는 말을 해본 적이 없다고 한다. 그것도 나르시시즘의 일환이다. 엄마가 아이를 키워내기 위해서는 아이와 수시로 눈을 맞추고, 지금 배가 고픈지, 아픈 데는 없는지 살피며 수없는 공감의 시간을 가져야 한다. 그런데 나르시시스트 엄마는 그럴 수가 없다. 자신을 숙이거나 겸허해질 수 없고 다른 사람의 기분을 헤아리거나 배려하지 못하는 것이다. 타인과의 공감능력이 결여된 나르시시스트 엄마가 그렇게 자신의 기분과 자존심만 생각하는 동안, 어린 자녀는 엄마로부터 정당한 보살핌 대신 무시, 비난, 방임 등으로 상처를 입게 된다.

이 책 〈과연 제가 엄마 마음에 들 날이 올까요?〉를 쓴 캐릴 맥브라이드는 심리상담가이자 자기 자신이 나르시시스트 엄마로부터 관심과 애정을 받지 못했던 아픔을 가진 딸이다. 28년 간 자기와 같은 고통을 가진 여성들을 수없이 만나고 상담하면서 그녀는 애정결핍의 근원에 '엄마의 나르시시즘'이 있음을 발견했다. 나르시시즘이 있는 엄마의 특징은 다음과 같다.

♥ 자녀에게는 관심이 없고 자기 자신과 관계된 일만 이야기의 주제로 삼는다.

♥ 자신의 미모, 명성, 능력, 성공이 영원할 거라 믿는다.

♥ 자신은 특별해서 특권층하고만 어울릴 수 있다고 믿는다.

♥ 엄청난 존경을 받고 싶어 한다.

- ♥ 특권의식이 있어서 늘 특별대우를 기대한다.
- ♥ 자신의 목적을 이루기 위해 다른 사람을 이용한다.
- ♥ 공감 능력이 없어서 다른 사람들의 감정이나 욕구를 파악하지 못한다.
- ♥ 질투심이 많거나 반대로 모든 사람이 자신을 부러워한다고 믿는다.
- ♥ 도도하고 거만한 태도를 보인다.

한마디로 모든 일에서 타인보다는 자기중심적이다. 이런 엄마는 자녀의 존재 이유도 엄마 자신의 목적이나 욕망을 이루어주는 데에 있다고 믿는다. 자녀의 성적이나 성과가 사랑의 근거가 된다. 그 밑에서 자존감에 손상을 입고 자라게 되면, 딸은 자신의 행복을 추구하려는 의지를 발휘하지 못한다. 어떤 남자 앞에서도 당당히 애정을 요구하지 못하고, 심지어 폭력 앞에서도 자신을 지키지 못한다.

엘리자베스 테일러같이 아름다운 여배우에게도 어린 시절부터 말을 듣지 않으면 애정을 철회하겠다고 협박해오던 엄마가 있었다. 엄마의 애정이 한결같은 게 아니라 상황에 따라 철회될 수도 있다는 것을 알게 되면 아이는 불안해진다. 하늘이 무너져 내릴 수도 있고, 땅이 꺼질 수도 있다는 것과 다를 바가 없다. 평범한 여자로 살고 싶었던 엘리자베스 테일러는 엄마의 욕망 때문에 배우가 되었고, 애정결핍의 불안으로 평생 결혼과 이혼을 반복했다. 그녀가 결코 엄마 같은 사람이 되지 않겠다고 다짐했던 것은 지극히 자연스러운 일이었다.

나르시시스트 엄마는 엘리자베스 테일러의 엄마처럼 아주 극성스럽게 아이를 보호하거나, 철저하게 방임하거나, 기분에 따라 극성과 방임을 오가기도 하고, 자녀에 따라 다른 방식으로 양육하기도 한다. 저자 캐릴 맥브라이드의 엄마 같은 경우 큰 딸 캐릴은 방임으로, 둘째 딸은 극성으로 키웠다. 한쪽은 엄마에게 절대로 도움을 청해서는 안 되게끔, 한쪽은 엄마의 도움에만 철저히 의존하게끔 한 것이다. 이런 식으로 '허락과 제약'이 불균형한 것은 어떤 쪽도 사회성 발달에는 도움이 되지 않는다. 이런 과보호와 방임 사이에는 다시 여섯 가지 유형의 엄마가 존재한다.

화려하고 외향적인 유형

사교를 즐기고 가정에는 관심이 없는 엄마다. 외부 사람들은 엄마를 좋아하지만 정작 자녀에게 엄마의 모습은 낯설기만 하다.

성취지향적인 유형

딸의 성공이 자기 인생의 목표인 유형이다. 이때 중요한 것은 딸의 행복이 아니라 남들에게 자랑할 만한 성취다. 딸이 목표 달성에 성공하면 자랑스러워 하지만 실패할 경우에는 차갑게 외면한다.

심신증 유형

병과 통증으로 가족의 관심을 이끌어내고 조종하려고 한다. 딸은 엄마의 관심을 얻으려면 '약하고 예민한' 엄마의 건강을 먼저 돌보아야 하다. 그리고 무엇보다 딸이 엄마보다 더 아프면 안 된다.

중독된 유형

알코올 중독이나 파티 중독, 도박 중독인 엄마들이다. 그들에게 자녀가 중요한 순간은 거의 없다. 안타까운 것은 이런 엄마 밑에서 자녀도 중독 증상을 나타내기 쉽다는 것이다. 정반대의 길을 꿋꿋이 나아가는 자녀도 있음은 물론이다.

몰래 학대하는 유형

사람들 앞에서는 다정하지만, 집에 돌아오면 폭력을 보이는 엄마다. 밖으로는 '자녀를 끔찍이 사랑하는 아름다운 엄마'의 모습이길 바라지만 정작 내면에 그런 애정은 존재하지 않는다.

애정에 굶주린 유형

남들의 사랑을 갈구하며 지나치게 타인 의존적이다. 자신이 보살펴야 할 딸의 보살핌을 도리어 자신이 받고 싶어 한다. 아무것도 모르는 딸에게 부부 사이의 문제를 상담한다든지, 친구의 흉을 본다든지 하여 자녀를 혼란스럽게 한다.

모든 가능성을 가졌지만 세상에서 가장 약한 존재인 아이, 그 아이가 자신에게만 철저히 의존한다는 것을 깨달을 때, 나르시시스트 엄마의 마음에 '한 인생을 좌지우지하고 싶은 욕심'이 자라나게 되는지도 모르겠다. 물론 그런 욕심은 세상에서 가장 무의미하고 위험한 욕심이기도 한다.

나르시시즘이 병은 아니다. 이 모든 특성을 혼자 다 가진 엄마도 드물다. 다만 그 특성을 잘 이해하고 있다면 공연한 기대, 감정 소모, 좌절, 실망을 줄일 수 있다. 만약 당신의 엄마가 나르시시스트의 성향을 보인다면, 우선 엄마는 일반인과 전혀 다른 사고체계를 가진 존재라는 것을 인식해야 한다. 나르시시스트의 특징인 공감능력 부재는 특히 자녀들에게 아픔을 주는 주요소이다. 분명히 가족에게 상처를 주는 말인데도 녹음기처럼 수십 년간 반복한다든지, 자녀의 기쁜 일에 같이 기뻐하지 못하고 말을 돌린다든지, 자녀의 슬픈 일에 같이 슬퍼하지 못하고 아무 상관없는 사람처럼 거리를 둔다든지 하는 것이다. 이런 엄마는 딸이 느끼는 감정을 결코 같이 느끼지 못한다. 항상 상대방 기분을 먼저 헤아리며, 엄마도 나와 같을 거라 믿고, 지레 마음 아파하던 착한 딸들은 그런 엄마를 보며 한 번 더 충격과 상처를 받게 된다.

철저히 자신만을 생각하는 나르시시스트 엄마와의 불화가 위험한 것은 자녀의 자기 파괴 욕구를 자극하기 때문이다. 생판 모르는 사람 때문에 상처받아 자살하는 사람은 없다. 그런데 자신을 지속적으로 공격하는 엄마를 후회하게 만들기 위해, 죄의식을 느끼게 하기 위해 아이들은 그런 극단적인 충동을 느낄 수 있다. 자살까지는 아니어도 자포자기나 자기학대가 이어지기도 한다. 그러나 그런 시도는 나르시시스트 엄마 앞에서 무의미하다. 자기반성을 할 수 없는 성격이기 때문이다. 아이의 불행이 자기 탓이라고는 절대로 생각하지 않을 것이다. 원래 문제 있는 아이라고 생각해버리고 더욱 큰 비난이 가해질 것이다. 그럼, 우리는 무엇을 어떻게 해야 할까.

우선 자신이 상처 입었다는 현실을 인정해야 한다. 그리고 엄마의 한계도 인정해야 한다. 엄마는 달라지지 않는다. 세 살짜리가 대학 수학을 이해하지 못하는 것처럼, 나르시시스트는 다른 평범한 사람의 감정을 이해하지 못한다. 니나 W. 브라운의 〈철없는 부모〉에도 나르시시스트 부모는 감정체계가 단순해서 '분노와 두려움' 밖에는 느끼거나 표현할 수 없다고 한다. 기쁨, 외로움, 서글픔, 절망감, 부끄러움, 죄책감, 사랑 같은 다양한 감정을 느끼지 못하니, 자녀가 아무리 기쁨을 전해도 엄마는 분노 아니면 두려움만 돌려줄 뿐이다. 순수한 기쁨과 편안한 사랑은 그것을 서로 나눌 능력이 있는 다른 사람들과 함께해야 한다.

그럼 내 감정을 순수하게 받아주고, 이해해주고, 격려해주는 엄마를 갖는 일, 이번 생에는 포기해야 하는 것일까? 그렇다. 제목처럼 내가 엄마 마음에 들 날은 오지 않는다. 하루라도 빨리 포기할수록 빨리 자유로워지고 빨리 성장할 것이다. 그렇다고 엄마에게 친절하지 말라거나 성의를 베풀지 말라는 뜻이 아니다. 아무런 기대 없이 베풀고, 기대 없이 사랑하라는 것이다. 서운했던 과거에 대해 비난하거나 용서를 요구할 필요도 없다. 더 이상 심각해하지 말고, 다만 깃털처럼 가벼워지라는 것이다. 이런 다짐을 해야 하는 딸들의 입장이 안타깝고 슬프지만, 전혀 기대하지 않았을 때 다가온 반전의 화해가 더 행복할 수도 있다.

사랑하지만 버거운 관계

_영화 〈나는 엄마를 죽였다〉

사람들은 엄마를 증오하면 죄라고 생각한다. 위선이다. 그들도 엄마를 증오하지 않는가. 단 1초 동안이건, 1년 동안이건, 그런 건 중요하지 않다. 증오한다는 게 중요하지.

이혼 후 10년 동안 혼자 자녀를 키워온 엄마라면, 그 자녀는 얼마나 깊은 감사를 느끼고 은혜를 갚기 위해 노력해야 할 것인가. 특히 우리나라에서라면 그런 엄마의 영향력은 어마어마하다. 하지만 엄마의 입장이 어떠하든 가까이에서 내면을 들여다보면, 마냥 고맙고 애틋하기만 한 상황이 이어지지는 않는다. 영화 〈건축학개론〉에서 검은 비닐봉지로 꽉꽉 찬, 정리되지 않은 냉장고 앞에 폭발했던 아들 승민의 감정처럼 일상의 작은 부분, 생활 습관의 차이 그리고 사소한 말투에서조차 부딪힘은 시작될 수 있다. 그리고 그렇게 피곤한 일상 속에서 흐트러진 엄마의 모습은 심각한 혐오, 끝 모를 애증으로 연결되기도 한다.

캐나다의 젊은 감독 자비에 돌란의 자전적인 영화 〈나는 엄마를 죽였다(I killed my mother,2009)〉에서는 16세 소년 위베르의 시선을 통해 이 모든 것을 보다 적나라하게 볼 수 있다.

누군가 내 엄마를 해친다면, 난 그 사람을 그냥 놔두지 않을 것
이다. 하지만 난 엄마를 그다지 사랑하지 않는다. 참 모순적이다.
자신의 엄마를 사랑하지 않으면서, 사랑하지 않을 수는 없다는 것.

식탁 앞에서 오렌지를 씹으며 흘러내리는 과즙을 혀로 핥아 내거
나, 바게트를 입에 밀어 넣다가 크림치즈를 입가에 잔뜩 묻히는 엄
마의 모습을 보며 위베르는 혐오감을 느낀다. 엄마는 왜 품위 있게
음식을 먹지 못할까. 저런 모습은 여성으로서 빵점이다. 하지만 더
욱 화나는 점은 따로 있다. 위베르가 한 말을 치매환자처럼 매번 잊
어버리거나, 금방 큰소리로 싸워놓고 곧 아무렇지도 않은 척 뻔뻔
하게 노래를 흥얼거리는 것. 엄마도 힘든 점이 있을 것이라는 동정
은 막연한 것이고, 위베르는 당장 눈에 보이는 것들이 거슬려서 미
칠 것 같다. 위베르는 엄마 앞에서 자꾸만 자꾸만 폭발한다. 둘이
나란히 앉은 식탁은 흡사 전쟁터와 같다.

운전을 하면서도 엄마는 립스틱을 바르느라 여념이 없다. 위험을
무릅쓰는 무신경한 행동에 위베르는 창피하고 불안하다. 위베르가
불평을 하면 엄마는 '네 아빠와 똑같은 소리 하고 있다' 며 들으려
고도 하지 않는다. 빨간 불에 지나치려다가 클랙슨 세례를 받자 엄
마는 '신호 바뀐 줄 몰랐다' 고 시치미를 떼기도 한다. 이런 엄마의

모습에 질린 위베르는 그날 '부모님을 인터뷰해오라' 는 선생님의 숙제에 '아빠는 본 적도 없고, 엄마는 세상을 떠났다' 는 거짓말을 한다. 뒤늦게 이 사실을 알게 된 엄마는 분노에 차서 학교로 달려오고, 위베르는 도망친다. 그런 위베르의 상황을 이해하고 그를 찾아낸 선생님은 카페에서 이런 이야기를 들려준다.

> "누구나 나이가 들면 부모님과 사이가 좋아진다고들 하는데, 나도 아버지와 10년 동안 말을 하지 않고 지내고 있어."

'네 어머니가 널 얼마나 힘들게 키우시는데 그런 소리를 하니?' 같은 설교가 아니었다. 키워주는 부모니까, 너 때문에 고생하는 엄마니까 무조건 참고 이해해야 한다는 것보다는 훨씬 숨통 트이는 답변이고 반응이었다. 학교 선생님조차 부모와 사이가 안 좋다는 이야기를 듣자, 위베르는 마음이 열린다.

언젠가 내가 주변 지인에게 나를 방임하고 모욕했던 엄마에 대한 불만을 토로했을 때, 반응은 '엄마에게 그럴 만한 이유가 있었겠지, 철없이 불평하지 말라' 였다. 정색한 채 나를 천하의 불효녀인양 날카롭게 쏘아보거나, 내 앞에서 자신의 엄마에 대해 그 아름답고 희생적인 인생에 대해 들려준 사람도 있었다. 내 딴에는 엄청난 용기로, 그리고 상대에 대한 신뢰로 열었던 마음이었는데, 나는 곧 입을 다물어야 했다. 그때 내가 느낀 것은 상대의 입을 틀어막아 버리는 우리 사회의 폭력적이고 일방적인 대화법 이전에, 그래도 내 주변 사람들은 엄마에 대해 따뜻하고 애틋한 감정과 기억을 간직하고 살아간다는 것에 대한 부러움이었다. 그들이 가진 엄마라는 존재에 대한 신앙처럼 단단한 신뢰는 나의 몇 마디 때문에 흔들리거나 무너질 수 없었다.

딱 한 명이 엄마에 대한 내 불만에 동조하며 '엄마가 어떻게 그러실 수가 있어?' 라고 하기도 했다. 그녀는 우리 엄마에 대해 함께 비난해주었다. 그 순간에는 괜찮았다. 그런데 그것도 답은 아니었다. 나를 다그쳤던 사람들처럼, 엄마에 대한 내 불만에 동조한 그 사람도 생각할수록 불편해졌다. 자기가 우리 엄마에 대해 뭘 안다고? 언제 봤다고 우리 엄마를 비난해? 하는 마음이 일어난 것이다. 비록 아침에 밥상머리에서 싸웠던 엄마였어도 오후에 시장 모퉁이에서 모르는 사람과 싸우고 있는 엄마를 보게 된다면 쫓아가서 편을 드는 것이 가족이다.

결국 나 같은 사람, 위베르 같은 아들이 원하는 것은 자식이니까 무조건 참으라는 설교도 아니고, 같이 엄마를 욕해달라는 것도 아니다. 그만큼 힘들고 외로웠을 내 마음과 공감해달라는 것이었다. 도망치고 싶고, 죽어버리고 싶었던 순간과 수백 번도 넘게 싸웠던 사람에게 '네가 나빴겠지' 라고 쉽게 매도해서는 안 된다. 사랑받고 싶고, 사랑하고 싶었지만 그럴 수 없었던 시간에 대한 깊은 이해와 공감, '그러니까 네가 많이 힘들었겠구나. 그럼에도 견뎌내고 살아남아서 다행이야.' 라는 한마디가 필요한 것이다. 결국 나의 경우, 이러한 위로는 비슷한 경험을 한 자매들과 공유할 수밖에 없었다. 우

리는 서로에게 말한다. '그래도 이 정도 자랐으니, 기특하지 않아?'

　이렇게 만나기만 하면 으르렁대는 위베르 모자에게도 행복했던 때는 있었다. 위베르가 네 살이 되기 전, 시골집에서 살았을 때는 달랐다. 엄마와 함께 까르르 웃으며 갈대숲을 뛰어다녔던 기억이 있다. 그때는 그렇게 행복했었는데, 이제 엄마는 마치 그때의 엄마와는 전혀 다른 사람인 것처럼 무심하게 현실에만 연연해서 살아가고 있다. 왜 이렇게 된 걸까. 위베르는 자기가 먼저 노력해보기로 한다. 엄마 대신 집안 청소를 하고, 빨래도 하고, 아침식사까지 직접 준비한다. 이번 주는 어떻게 보냈느냐고 살갑게 질문도 한다. 설거지도 물론이다. 이렇게 노력하면 분위기가 달라질까, 기대한다. 하지만 바로 그날 엄마는 안토닌의 엄마로부터 아들이 게이라는 사실을 전해 듣고 만다. 직접 들었다고 해도 충격이었겠지만, 그렇지 못했다는 것에 엄마는 더 서운함을 느낀다. 다시 싸움이 벌어지고 두 모자는 서로 잘해주려고 노력했던 것이 동시에 수포로 돌아가는 아픔을 겪는다. 그날 위베르는 집에 들어가지 않고 선생님을 찾아간다. 그리고 말한다. 엄마가 좋긴 하지만, 엄마가 내 삶의 전부가 될 수는 없다고. 그러자 선생님은 '엄마도 네가 전부는 아닐 거야'라고 일러준다. 위베르의 반항은 결국 엄마가 내 삶의 전부이고, 엄마도 그래야 한다는 전제 아래 이루어진 응석이었을까. 그리고 사춘기의 막바지, 엄마가 전부였던 세계에서 빠져나오는 과정에서 생기는 필연적 폭발음이었던 것일까.

곧 위베르에게 아빠의 연락이 온다. 비록 부모가 될 자신이 없다며 일찌감치 위베르와 엄마의 곁을 떠난 사람이지만, 위베르는 아빠에 대해서는 항상 그리움을 갖고 있다. 한달음에 달려갔지만 그날 아빠는 엄마와 함께 위베르를 시골에 있는 엄격한 기숙학교에 보내겠다는 결정을 통보한다. 더 이상 위베르를 감당하기 힘들어진 엄마의 입김이 전해진 거라 믿은 위베르는 격렬히 항의하지만 소용이 없다. 기숙학교로 가는 버스역까지 바래다준 엄마에게 위베르가 악에 받쳐서 말한다.

"엄마, 내가 오늘 죽으면 어떻게 할 거예요?"
그러자 엄마는 말한다.
"그럼 난 내일 죽을 거야."

엄마 입장에서는 어차피 엄마인 자신과 함께 있는 것을 못견뎌하는 아들을 위해서, 한편으로는 16세 아들을 혼자 힘으로 감당해내기 벅찬 엄마로서 차선책을 찾아낸 것이지만 아들에게는 엄마의 일방적인 횡포로만 느껴진다. 엄마도 자신의 마음을 어린 아들에게 설명하고 이해시킬 자신은 없다. 그녀 역시 약하고 평범한 중년 여성일 뿐이니까. 두 사람의 입장 차이는 결코 당장의 화해를 이끌어낼 수 없는 그런 것이다.
하지만 위베르가 가졌던 증오 뒤에 숨겨진 것은 간절한 그리움이었다. 위베르는 기숙사에 들어간 후 어느 날 밤, 문득 엄마를 찾아간다. 자고 있던 엄마를 깨워 그동안 말하지 못했던 진심을 말한다. 모든 것을 예전처럼 돌리고 싶다고, 모든 것을 말하고 싶다고, 엄마에게 말하고 싶은 걸 다하려면 100년은 걸릴 거라고, 그렇게 하고 싶은 말이 많다고, 엄마랑 얘기를 하고 싶다고, 사랑한다고…….

일관되게 처음부터 사랑을 보여주지 않은 엄마였다면, 위베르가 이런 표현을 하지 못했을 것이다. 그런데 예전에는 분명히 있던 것이, 어느 순간 사라져버렸다는 것을 깨달으면서 엄마 혼자 다른 세계로 가버린 듯 서운함을 절절이 느끼게 된 것이다. 예뻤던 엄마가 초라해진 것, 상냥했던 엄마가 무심해진 것, 어느 날 문득 모든 빛이 꺼진 것 같은 엄마의 모습은 어린 아들의 눈에는 왠지 자기 책임인 것만 같다. 그래서 더 고통스럽다.

엄마 입장에서도 아들이 성장하면서 낯선 세계로 떠나버린 듯 막막함과 거리감을 느끼는 것은 마찬가지다. 엄마라면서 아들의 성 정체성도 몰랐고, 덩치가 자란 그의 거친 반항을 제어할 힘도 이제는 없다. 엄마는 그저 끝없이 일을 하고 돈을 벌어서, 그 돈으로 아들을 좋은 학교에 보내는 것만이 후회 없을 뒷바라지라고만 믿고, 좀비처럼 표정 없는 얼굴로 버틸 뿐이다. 우리나라의 수많은 엄마들이 그렇듯, 이럴 때 보통 엄마들은 단 한순간도, '돈보다 다른 것이 더 중요할 수 있다' 는 생각을 하지 못한다. 영화 중반에 알프레드 드 뮈세의 책에서 인용된 구절은 다음과 같다.

어머니, 속임수로 가득 찬 세상을 헤쳐나가야 하는 나에게, 나의 모든 기쁨은 당신의 모성으로부터 시작됩니다.

엄마가 없었다면 아이는 존재할 수 없다. 아이의 모든 기쁨과 슬픔도 엄마로부터 시작된다. 그 사실은 어떤 상황에서도 바뀔 수 없다. 하지만 사랑이 없이, 돈만으로 제공되는 교육이나 무관심하게 반복되는 매일의 일상은 아이에게 있어 삭막하고 가혹한 환경일 뿐이다.

패륜인양 자극적인 제목이 용서될 만큼 매력적인 영화 〈나는 엄마를 죽였다〉는 특별히 나쁜 엄마가 아니어도, 또 특별히 나쁜 아들이 아니어도 그 관계가 극단적으로 멀어질 수 있음을 보여준다. 그것은 연극 〈올모스트, 메인〉의 한 에피소드, 서로 멀어지면 멀어질수록 지구 반대편을 한 바퀴 돌아서 다시 만나게 되는 연인처럼 그렇게 가까워지기 위한 필연적인 단계일 수도 있다. 이 영화의 진솔한 화법에 담긴 소년의 화려한 성장통은 그렇게 현실적이기에 또 희망적이기에 아름답다.

♥

PART 03

도망치고 싶었던 집

작은 가정불화도 전쟁처럼 느껴지는 아이들 _타인보다 민감한 사람
용서라는 의무에서 자유로워져라 _폭력의 기억, 사랑을 잃어버린 사람들
어떻게 계속해서 살아갈 것인가 _불행의 놀라운 치유력
사랑도 삶도 배워야 한다 _영화 · **가을 소나타**

작은 가정불화도 전쟁처럼
느껴지는 아이들
_타인보다 더 민감한 사람

얼마 전 외출했다가 돌아오는 길에, 건널목 앞 작은 꽃집에서 특이한 모양의 꽃을 발견했다. 장미와 비슷한데 모서리가 둥글둥글한 것이 귀엽고 예뻤다. 저 꽃이 뭘까, 궁금하기도 하고 기분 내키면 몇 송이 살 의향으로 꽃집 아주머니에게 '이 꽃 이름이 뭐예요?' 라고 물었다. 그런데 꽃 양동이를 이리저리 옮기고 있던 아주머니는 귀찮다는 표정으로 '아이, 힘들어 죽겠는데' 하며 말끝을 흐렸다. 전혀 예상하지 못했던 반응에 나는 놀라서 바로 고개를 돌리고 그 자리를 황급히 떠났다. 나의 무엇이 아주머니를 짜증나게 했는지, 그게 왜 짜증을 낼 상황인지, 손님이 꽃 이름을 물어보는 게 왜 잘못인지, 꽃 양동이를 잠깐 놓고 손님응대를 하면 왜 안 되었는지, 돌아오는 내내 곰곰이 생각해야만 했다. 궁금하던 그 꽃이 '라난큘러스' 라는 걸 기어이 알아내긴 했지만 불쾌하고 억울했다. 며칠을 혼자 끙끙 앓다가, 이 나이에도 낯선 이의 말 한마디에 이렇게 힘들어하는데, 어린 시절 나는 오죽했을까 싶어졌다. 내 어린 시절이 그토록 캄캄한 암흑기였던 것은 나의 기본 성향에도 원인이 있었던 게 아닐까, 하는 마음이 생긴 것이다.

　엄마는 어린 시절 내게 감수성이 예민하다는 말을 종종하곤 했다. 내게 민감한 구석이 있음을 눈치 챘던 것이다. 하지만 그것을 받아들이고 보호해준 것이 아니라 뜯어고쳐야 할 성격으로 생각하여 더 놀리고 다그쳤다. 아무리 그래도 나는 달라지지 못했고 계속 움츠려들었지만 말이다. 그런 민감성은 타고나는, 어쩔 수 없는 것이었다. 미국의 심리학자 일레인 N.아론이 쓴 〈타인보다 더 민감한 사람〉은 민감해서 더 좌절이 많았던 어린 시절을 겪은 이들에 민감성이 결코 결함이나 장애가 아니라 개인의 정체성 중 일부임을 알려주는 책이다. 모든 사람이 '자기계발서'에 나올 법한 담대함으로 살아갈 수 없고 그럴 이유도 없는 것이었다. 이 책을 서점에서 처음 보았을 때에 나는 제목만으로 큰 안도와 함께 위안을 받으며 곧 의자에 앉아 책장을 넘겼다.

　역시 저자 일레인도 '매우 민감한 사람'이었다. 어린 시절부터 집안에서나 학교에서나 떠들썩한 분위기보다 조용한 쪽을 선호했고, 성장하면서 바깥활동이 지나친 고통으로 다가오자 심리치료를 택했는데 그 결과 우울증이나 대인기피증이 아니라 '그저 매우 민감한 사람'이기 때문이라는 진단을 받게 되었다. 이 책에서 규정하는 민감한 사람의 특성은 다음과 같다.

♥ 틀린 것을 잘 잡아내고, 실수를 하지 않으려고 한다

♥ 매우 양심적이다

♥ 한 가지에 집중할 수 있다

♥ 조심성, 정확성, 속도 그리고 작은 차이를 포착하는 능력이 요구되는 일을 잘한다

♥ 심리학자들이 의미 기억이라고 부르는 수준까지 깊이 파고든다

♥ 종종 자기 성찰을 한다

♥ 배운다는 의식을 하지 않고 배울 수 있다

♥ 다른 사람의 기분과 감정에 크게 영향을 받는다

 마지막의 '다른 사람의 기분과 감정에 크게 영향을 받는다' 는 부분은 특히 민감한 사람의 어린 시절이 힘든 이유가 되기도 한다. 화목하고 따스한 가정에서 양육된다면 상관이 없다. 민감한 성향은 보호되고 발전되어 예술적, 학문적 능력으로 키워질 것이다. 그런데 싸움과 불화가 잦은 가정에 이 민감한 아이가 포함되어 살아야 한다면, 그 부정적 영향은 어마어마하다. 실제로 부모가 싸우는 모습을 아이가 볼 때의 충격은 전쟁터에서 전우가 총에 맞아 죽는 것을 보는 것과 같다고 한다. 가수 아이유 양은 사이좋던 부모가 딱 한 번 부부싸움을 하는 모습을 보고도 큰 충격을 받았다고 했는데, 그게 아예 일상생활인 가정이라면 민감한 아이들이 받는 스트레스는 어떠하겠는가.

 소설가 박범신은 어느 방송에서 자신의 어린 시절 경험담을 이렇

게 털어놓았다. 1남 4녀 중 막내아들이었던 그의 가정은 가난과 불화로 화목하지 못했다. 학교 갔다가 돌아올 때면 골목에서부터 집안의 분위기가 감지되었다. 신경이 날카로운 엄마와 공격적인 누나들 간에 한바탕 폭풍이 지나간 느낌이 들면 차마 집안으로 들어가지 못하고, 담벼락에 쭈그리고 앉았단다. 그렇게 있노라면 어느 새 저녁이 왔다. 앞집에서는 등불이 켜지고, 저녁밥상 앞에 온 가족이 모여앉아 그날 있었던 일들을 도란도란 나누는 모습이 실루엣처럼 보였지만, 자신의 집에서는 아직 불도 안 켜진 채 어둠과 냉랭함이 감돌고 있었다고. 그런 환경은 감수성 예민한 소년에게 심각한 영향을 미쳤다. 고등학교 시절 이유 없이 두 번의 자살 기도를 했고, 벌써 50년이 지났음에도 여전히 그 담벼락 앞에 앉아 있던 기분이 생생하다고 고백한다. 그런 폭력적 환경은 민감한 자녀에게는 평생 지워지지 않는 상처가 되는 것이다.

나의 중고등학교 시절에도 비슷한 기억이 있다. 그 당시 엄마는 아빠와 거의 매일 다투었다. 어쩜 그렇게 싸울 수 있나 싶게 매일 집안이 시끄러웠다. 일과처럼 엄마의 고성이 들리기 시작하면 우리 남매들은 지긋지긋해하며 각자 방으로 들어가 문을 잠갔다.

싸우는 이유는 늘 비슷했다. 아빠가 가난했던 친가 쪽을 도와준다는 것. 아빠는 아빠에게 손을 벌리는 친가 쪽 사람들을 저버리지 못했다. 엄마는 그것에 대해 늘 분노했다. 우리 애들이 넷이나 되는데 어떻게 그렇게 퍼줄 수 있느냐, 우리 고생할 때 그들이 도와준

적 있느냐, 이번엔 얼마를 빌려주었느냐, 또 누구를 취직시켜 주었느냐, 그 인간이 그걸 고마워할 것 같으냐, 나중에 또 부탁하고 또 부탁할 텐데, 왜 매번 그렇게 이용당하느냐.

이런 말을 쏟아낼 때 엄마는 그야말로 호랑이 같았다. 세상에서 가장 무서운 사람이었다. 남자는 흙으로 만들어져서 부드럽고, 여자는 갈비뼈로 만들어져서 딱딱하고 강하다는 말이 이 상황에 딱 맞았다. 우리집 재산이 허투루 새는 것이 엄마에겐 가장 싫은 일이었다. 소리소리 지르는 엄마 앞에 조근조근 대항하던 아빠. 우리들에겐 항상 좋은 교훈과 조언을 들려주던 아빠였지만, 그런 조언이 엄마에게는 안 통했다. 아빠는 엄마를 한 번도 이기지 못했다. 엄마가 던지던 최후통첩은 항상 '이혼'이었고 아빠는 언제나 그 말에 항복했다. 엄마는 아빠 같은 사람이 무엇을 가장 두려워하는지 잘 알고 있었다. 이럴 바엔 이혼하는 게 낫겠다는 자식들의 암묵적 동의가 있었음에도 아빠는 끝내 파국을 원치 않았다. 그렇다고 친가를 돕는 손길을 거두지도 못했다.

어차피 싸움이 해결책이 되지 못하는데, 왜 저리 싸워야 하는지 그 시간 동안 공포와 환멸이라는 어둠이 내 마음속에 켜켜이 쌓여갔다. 부모님은 결국 이혼하지 않는 것에는 성공했지만, 자녀들이 어떤 영향을 받았는지는 모르는 것 같았다. 그렇게 싸움이 잦은 부부라면, 게다가 자녀가 있는 경우라면 이혼하는 게 훨씬 낫다는 신념이 그렇게 생겼다. 곁에서 지켜보는 것만으로도 가족 간의 싸움은 너무 무거운 스트레스였다. 누군가 경제적 빈곤과 가정불화 중 어느 것이 더 위험한가 물어본다면 나는 가정불화라고 답할 것이다. 경제적 빈곤은 노력으로 개선이 가능하지만, 가정불화는 아예 노력해볼 의욕조차 상실하게 하는 문제이기 때문이다.

가정불화는 민감한 사람들에게 특히 나쁜 영향을 끼친다. 안 그래도 불안요소가 많은 세상에 잠시라도 쉴 곳이 완전히 사라지는 것과 같기 때문이다. 이때 적절한 치유가 이루어지지 않으면 불안과 우울감이 지속되어 자살 시도로까지 연결되기 쉽다. 지금은 아니지만, 자살에 대해 꽤 오랫동안 가능성을 버리지 않았던 기억이 내게도 있다. 물론 대부분의 사람들은 '세상에 완벽한 가정은 없다, 누구나 힘든 점이 있고, 그럼에도 잘 견디어낸다, 너무 엄살떨지 말라'는 반응을 보인다. 그러나 같은 형제라고 해도 경험하는 환경은 전혀 다를 수 있고 민감한 사람에게는 더 힘들거나, 더 못 잊을 악몽이 될 수 있다. 성인이 된 후에도 공격적인 성향의 가족이 지속적으로 고통을 가하기도 한다. 그런 때에는 민감한 사람 자신이 스스로 보호할 수 있어야 한다. 가족과 멀리 떨어져서 지내거나, 아예 인연을 끊는 것만이 해결책이 되기도 한다. 둘 중 어느 결정도 쉽지는 않지만 말이다.

이 책에서는 전문가를 통한 치료를 권하고 있다. 물론 여기에서 말하는 치료는 민감성의 치료가 아니라, 민감성 때문에 받아야 했던 상처의 치료를 의미한다. 흥미로운 것은 영적 치료에 관한 부분인데, 누군가 '영적인 삶을 살아갈 운명을 지닌 사람들은 유난히 어려운 유년기를 보내게 되고, 그래서 다른 사람들이 세속적인 세계에 정착할 때에 그들은 계속해서 내면세계를 추구하게 된다' 라고 말한 내용을 인용하고 있다. 이것이 진실인지 불확실해도 평생 민감하게 사는 사람들에게는 어느 정도 위로가 되는 것 같다.

사실 무엇보다 이 책 〈타인보다 더 민감한 사람〉이 위안이 되는 이유는, 민감하고 예민하고 까다롭고 소심하더라도 그런 자신을 '그럴 수 있다' 고 받아들이는 법을 일깨워줬다는 데에 있다. 이건 병도 아니고, 장애도 아니고, 그냥 '나 자신의 존재방식' 이라는 것이다. 비록 나도 꽃집 아주머니의 한마디에 며칠을 끙끙 앓긴 했지만, 내가 못난 게 아니라, 그분이 뭔가 문제가 있었던 게 맞다. 사실 그 상황이면 민감한 사람이 아니더라도, 누구라도 기분이 나빴을 것이다. 그 대신 찰나의 시선 포착으로 '라난큘러스' 라는 멋진 꽃을 기어이 내 마음 속 사전에 담아둘 수 있게 되지 않았던가. 세상에는 다른 꽃집도 많고, 나는 친절해서 내 마음에 쏙 드는 꽃집에서 그 꽃을 사면 될 것이다.

끝으로 어느 민감한 사람이 전했다는 '민감한 사람을 위한 충고' 를 옮겨보면 다음과 같다.

자신의 민감성에 대해 모든 것을 배워야 해요. 민감하다는 것을 장애로 생각하거나 변명거리로 삼으면 안돼요. 때로 위축된 기분이 들 때는 집에만 있고 싶어지죠. 하지만 그러면 결국 자기 손해예요. 나는 바깥 세계와 만나고 돌아와서 거기서 배운 것들을 내 것으로 만들어요. 창조적인 사람들은 사람들과 떨어져 있는 시간이 필요해요. 하지만 너무 오래 떨어져 있으면 안돼요. 은둔을 하면 현실감각과 적응력을 잃어버리기 때문이죠. 나이가 들면 현실과 단절될 수 있고 그래서 융통성을 잃어버려요. 나이가 들수록 바깥생활을 더 많이 해야 해요. 반면 나이를 먹으면서 우리에게는 점차 품위가 생기죠. 우리가 전인적으로 발전한다면 우리의 기본적인 특성들이 더욱 빛을 발할 거예요. 우리 몸과 사이좋게 지내야 해요. 민감성은 우리가 사용할 수 있는 훌륭한 선물이에요. 그것은 우리를 인도해줄 수 있으며, 우리가 그것에 열려 있을수록 보다 개선되죠.

용서라는 의무에서 자유로워져라

_폭력의 기억, 사랑을 잃어버린 사람들

이렇게 말하는 사람들이 있다. 도대체 언제까지 어릴 적 상처에 매달려서 징징 댈 것인가, 어차피 다 지나간 일이 아닌가? 나도 한때 어린 시절 문제는 다 지나간 일이고, 세월이 흐르면 흐른 만큼 희미해지고 옅어지는 줄 알았다. 그러다가 마침내 언젠가는 완전히 없어지는 걸로 기대했다. 실제로 아무런 불만 없이 한동안 잘 지낼 수도 있었다. 그런데 시간이 흐를수록 지워지는 기억이 있고, 점점 되살아나는 기억이라는 게 있다.

앞에서 〈나의 엄마 시즈코상〉을 썼던 사노 요코도 '한동안 엄마가 자신을 못살게 굴었던 일들을 말끔히 잊었었다, 그런데 이상한 건 어른이 되고나니 하나둘 다시 생각이 나기 시작한 것이다, 그리고 나이를 먹으면 먹을수록 선명해졌다' 라고 고백했다. 왜 젊었을 때에는 생각나지 않던 것들이 나이 들어서 다시 생각이 나는 것일까.

나의 경우를 돌이켜보면 20·30대는 밖으로만 관심이 팽창하는 시기였기 때문일 것이다. 물리적으로 엄마의 곁을 떠나 있는 시간이기도 했고 외부의 일에 사로잡혀서 자신이나 가족을 돌이켜볼 여유가 없었다. 또 내가 바삐 움직이는 만큼, 막연하게나마 내가 속해 있던 세계로부터 멀리 다른 세계로 떠나게 되는 줄 알았다. 그런데 나이 40을 넘고 바깥세상보다 자신의 내면을 찬찬히 들여다보게 되면서 왜 내가 자꾸 어디론가 멀리 떠나고 싶었는지, 왜 자꾸 이상세계의 누군가를 그리워했는지, 왜 현실에 만족할 수 없었는지 그 이유를 찾게 되었다. 지금의 나를 만들어온 것과 나를 움직이게 했던 요인이 무엇인지를 곰곰이 생각해보게 된 것이다. 그러다 보면 학교에서 시험을 실수했던 일, 회사에서 있었던 골치 아픈 분쟁, 연애의 실패 같은 것들은 언제 그랬던 일인가 싶게 잊혀져갔다. 끝끝내 기억의 맨 중심에서 버티고 있던 것은 아주 오래 전부터 내 안에서 살던, 긴장과 불안으로 얼어붙은 어린 아이였다. 내 인생은 그 아이가 하자는 대로 끌려 다니며 살아온 인생이었다. 그렇게 멀리 가고 싶었지만, 나는 그 아이의 울타리에서 한 발자국도 멀리 가지 못했다. 어린 시절은 사라진 게 아니고, 내 안에 그대로 남아 있었다.

지금도 나는 엄마를 만나면 반갑기도 하지만 고통스러울 때가 있다. 어릴 적 나를 괴롭혔던 말투, 표현이 그대로 나올 때가 있기 때문이다. 어릴 적엔 꼼짝없이 듣고 있다가 방으로 도망치는 것이 내가 할 수 있는 전부였다. 물론 지금은 웃으며 넘기거나 말을 돌리며 못들은 척한다. 하지만 예전의 그 긴장감이 다시 온몸에 돋아나는 느낌은 어쩔 수가 없다. 엄마는 악의 없이, 습관처럼 하는 표현이지만 내 안의 어린 아이는 여전히 아파하는 것이다. 어쩌면 이 책이 말하는 대로 내 몸은 어린 시절을 그대로 다 기억하고 있는 게 아닐까.

스위스의 정신과의사 앨리스 밀러가 쓴 〈폭력의 기억, 사랑을 잃어버린 사람들〉은 어린 시절의 학대, 방임, 폭력의 흔적은 반드시 몸에 남게 되고, 그 결과 육체적인 질병이나 정신적 질환을 앓게 된 사람들이 어떻게 자신의 발목을 잡고 있는 과거로부터 해방될 수 있는지에 대해 고찰하고 있다.

이 책의 놀라운 점은 어린 시절의 학대, 방임 같은 부모로부터 받은 상처를 억지로 부정할 때, 즉 나쁜 기억이 있음에도 불구하고 여전히 부모와 좋은 관계를 유지하려고 노력할 때, 그 대가로 육체적 질병이 나타난다고 주장하는 점이다. 그래서 그러한 질병을 치유하기 위해서는 우리 사회가 떠받들고 있는 관념, '어떠한 일이 있어도 네 부모님을 공경하라' 와 같은 억압에서 벗어나는 것이 가장 중요하다는 것이라고.

이 책의 저자 앨리스 밀러는 오랜 시간 자신의 어린 시절 기억을 떠올릴 수 없었다. 그 이유는 불안으로 억압되어 있었기 때문이었다. 심리요법을 통해 가까스로 과거를 재구성하면서 알게 된 그 시절은 엄마로부터의 과도한 체벌로 의사 표현이 아예 억눌려진 나날이었다. 앨리스는 늘 '없는 듯이 얌전하게' 있어야만 했다. 질문을 던지거나 감정 표현을 할 때마다 엉터리 대답이나 매질이 돌아왔다. 무슨 일만 있으면 엄마는 자신에게 뒤집어씌워 벌을 주었다. 비록 나이는 어렸지만 똑똑했을 앨리스가 사실을 따지고 들면, 엄마는 어린것에게 공격당했다며 훨씬 가혹한 벌을 주었다. 어린 앨리스는 '전체주의' 체제를 가정 안에서 느껴야 했다고 한다. 자신의 그런 경험으로 앨리스는 평생 어린 시절의 부정적인 교육이 미치는 폐해에 대해 연구하게 되었던 것이다. 앨리스는 역사적 인물 중에서 비슷한 경험을 했던 이들로 도스토예프스키, 체호프, 카프카, 니체, 쉴러, 버지니아 울프, 랭보, 미시마 유키오, 마르셀 프루스트, 제임스 조이스 등을 언급한다. 이들에게도 지나치게 억압하고 폭력적 권위를 행사하던 부모가 있었다. 그런데 사회적으로는 진실과 정의를 추구하던 그들이 하나같이 자신들의 부모에 대해서는 언제나 존경과 사랑만 표시했다. 동양에서는 유교가 그랬던 것처럼, 서양에서는 기독교의 네 번째 계명(네 부모를 공경하라)이 이들의 사고를 철저히 억압하고 있었던 것이다. 이들에게 앨리스가 하고 싶은 말은 이런 것이었다.

"당신 부모를 꼭 존경할 필요는 없어요. 그런 해를 끼친 사람들은 당신에게 사랑도 존경도 받을 자격이 없어요. 부모라도 마찬가지예요. 이러한 존경에 대한 대가로 당신의 몸은 끔찍한 고통을 겪을 거예요. 더 이상 '네 번째 계명'을 받들지 않는다면, 자신을 그 고통에서 해방시킬 수 있어요."

하지만 막상 부모의 부정적인 교육에 노출된 아이는 모든 잘못이 자신에게 있는 것으로 간주하기 쉽다. 부모를 미워하느니 자신을 증오하는 편이 훨씬 덜 괴롭기 때문이다. 하지만 그로 인해 자해나 자살의 충동까지 느끼게 된다. 그런 사람이 가까스로 객관적인 인식을 하기 위해 주변에 도움을 요청하려고 하면 돌아오는 말은 '당신의 부모도 힘들었을 것이다, 다 당신을 위해서 그랬을 것이다, 세상에 이상적인 부모는 없다' 는 말뿐이다. 실제로 외국에서 한 언론인이 잡지 인터뷰를 통해 아버지의 폭력에 대해 비난하자, 사람들은 그 아버지가 정작 잘못한 일은 '지난 일을 너그러이 받아들이지 못하는, 저런 아들을 낳은 것' 이라고 받아쳤다고 한다. 불과 1987년에 있었던 일이다. 이런 분위기라면 어떻게 학대받은 자녀들이 자신의 고통을 자유로이 밝히고 치유를 받을 수 있겠는가.

심지어 학대받은 자녀들을 치유하기 위해 심리요법을 시행하는 전문가들조차 그런 도그마에서 자유롭지 못하다. 그들은 아동학대란 선량한 부모가 아이를 키우던 도중 힘에 부친 나머지 실수로 저지른 사고 정도로 인식한다. 즉 '당신이 부모에게서 상처를 입은 것은 맞다. 하지만 그것이 악의에서 그런 것은 아니니 당신이 이해하고 용서하라.' 가 상담의 결론으로 흐르게 된다. 그러면 어느덧 내담자의 상처를 치유하는 일보다는 그 부모를 용서하는 일이 더 중요한 일이 되어버린다. 전문가의 말을 듣고 내담자는 부모를 용서하기 위해 부모와 대화를 시도한다. 하지만 영문을 모르는 부모는 또 다른 상처를 안긴다. '네가 상처를 받아? 널 키우느라 얼마나 고생을 했는데?' 용서는 혼자서 할 수 있는 게 아니다. 용서는 결과지, 목적이 아니다. 용서하기 위해 용서할 수는 없다. 결국 내담자는 갈 길을 잃어버리게 된다. 이런 전문가들의 심리요법은 상담을 했거나, 하지 않았거나 결국 제자리로 돌아와서 아무 일도 없었다는 듯이 예전처럼 착한 자녀로 살라는 것이나 다를 바가 없다. 이렇게 용서를 독촉받고 억지로 용서를 해야만 했던 내담자들이 치료효과를 얻은 경우는 드물다고 한다.

내게도 비슷한 경험이 있다. 내가 만났던 정신과의사는 '당신이 힘들었던 만큼, 어머니도 힘들었을 것이다, 키우기 쉬운 자녀가 있는 반면 그렇지 않은 자녀도 있지 않겠느냐'고 했다. 매뉴얼이라도 있는 듯 전형적인 답변으로 졸지에 난 '유난히 엄마가 키우기 힘들었던 아이'가 되어버렸고, 그 순간에는 나도 고개를 끄덕일 수밖에 없었다. 하지만 내 안의 고통은 사라지지 않고 치료효과를 얻을 수 없었다. 이와 비슷한 내용을 어느 신부님은 전혀 다른 입장에서 말씀해주셨다. 늘 엄마들이 아이 키우기가 힘들다고 하지만, 아이들 입장에서도 크는 일은 똑같이 힘들다고.

내가 항상 가졌던 의문이 그런 것이었다. 누구나 힘들다. 엄마가 힘든 만큼 아이도 힘들고 어떤 면에서는 아이에게 더 큰 두려움과 불안이 있다. 그런데 자신이 힘들다는 이유로 약자에게 고통과 책임을 전가하는 일이 용납되어도 되는 것일까. 그런데 의외로 많은 전문가들이 이런 논리로 내담자를 설득하려고 노력한다. 어쩌면 이렇게 세상의 모든 폭력과 억압이 반복되고 대물림되는 것이 아닐까.

안쓰러운 일은 어린 시절 학대받은 많은 사람들이 성인이 된 후 여전히 자신의 부모를 두려워하거나, 잘보이려고 애를 쓴다는 것이다. 이건 마치 자신을 구타하고, 추행하고, 모욕했던 사람을 그럼에도 불구하고 가까이하고 사랑을 베푸는 것과 같다. 그 결과 무의식과 의식 사이에서 갈등이 일어난다. 언제나 진실을 말하는 몸은 그런 상황을 질병으로 표현한다. 뭔가 잘못되었다고! 당신의 진심과 행동이 어긋나 있다고! 진정한 사랑이 오고 가는 관계라면 결코 일어나지 않을 부작용이기도 하다. 하지만 이제는 늙고 쇠약해진 부모에게서 자식으로서의 오랜 애착과 동정심을 거두어들이는 일은 쉽지 않다. 다시 갈등이 생기고 자신의 병도 깊어져 간다.

이러한 때에 앨리스가 권유하는 방식은 과감한 결단이다. 부모로부터 언젠가 사랑받을 것이라고 기대하지 않기, 부모가 언젠가 달라질 것이라고 기대하지 않기, 억지 감사와 죄책감을 버리기, 자신의 에너지를 보다 생산적인 목적에 쏟아 붓기 등 '부모를 무조건 사랑하라'는 계명에서 자유로워지고 필요하다면 완벽한 '단절'을 실행하는 것이다.

성인이 되는 길은 자기가 받은 잔인한 대우를 용서하는 데 있는 것이 아니라, 그 진실을 인식하고 매 맞던 아이에 대한 동정심을 키우는 데 있다. 그 길은 학대가 성인의 삶 전체에 어떤 장애가 되는지, 얼마나 많은 삶의 가능성을 파괴하는지, 이러한 재앙 가운데 얼마나 많은 것이 다음 세대에 전가되는지를 깨닫는 데 있다. 이러한 비극적 인식에 도달하려면 우리는 학대하는 부모의 좋은 면과 나쁜 면을 비교하여 상쇄하는 행동을 중단해야 한다.

이쯤에서 한번은 돌이켜봐야 한다. 어릴 적 부모가 남긴 상처가 여전히 몸 안에 있음에도 다른 사람들처럼 '화기애애'한 모습을 억지 노력으로 연출하고 있는 것은 아닌지? 억지 화해와 용서를 추구하고 있는 것은 아닌지? '효도'라는 의무에 사로잡혀 양가감정(兩價感情)을 주는 상대와 무조건 접촉을 지속하는 한, 내면의 갈등은 끊이지 않는다. 그리고 그 대가는 자신의 몸이 혹독하게 치르게 된다. '단절'이라는, 앨리스의 어찌 보면 냉혹한 제안은 보통의 자녀들이 특히 우리나라의 자녀들이 쉽게 받아들일 수 있는 방법은 아니다. 하지만 다람쥐 쳇바퀴 돌 듯, 반복되는 문제의 마지막 돌파구로서 반드시 염두에 두어야 할 것이 아닌가 한다. 자신의 건강을 해쳐가면서까지 위험한 관계를 유지한다는 것은 누가 봐도 비합리적인 일이니까 말이다. 꼭 가족만이 자신의 전부는 아니다. 건강한 새는 둥지 안에 머물러 있지 않고 세상을 향해 날아간다. 가족으로부터 눈을 돌릴 때, 비로소 다른 세계에서 자신의 이야기를 들어주고, 아픈 마음을 감싸주고, 위로해줄 사람을 만날 수 있다.

어떻게 계속해서 살아갈 것인가

_불행의 놀라운 치유력

'우리는 우리 자신의 삶에서 일어난 사건들을 이야기할 권리가 있는지조차 확신할 수 없다.'

_솔제니친

얼마 전 목사인 친아버지로부터 9년간 성폭행을 당했던 딸의 수기가 출간되었다. 딸은 〈안네의 일기〉나 〈죽음의 수용소에서〉를 쓴 사람들처럼 죽음의 공포 앞에서 희망을 잃지 않고 산 순간의 기록을 쓰고 싶었다고 했다. 그녀가 살아낸 세월이 어찌 2차 세계대전의 수용소보다 덜 힘들었겠는가. 하지만 그 사실을 많은 사람들에게 이야기하는 일은 더 힘들었을지도 모른다. 실제로 학대의 공포보다 더 컸을 '친부모에 대한 고발'의 부담을 이겨낸 것만으로도 그녀의 용기는 가상하지 않은가 싶다.

우리는 흔히 누구나 아프면 곧 비명을 지를 것이라고 생각한다. 그런데 아플 때 비명을 지를 수 있는 권한이 없다고 느끼는 사람들도 있다. 가족 내에서 힘이 없고, 주목받지 못하는 아이들이 그렇다. 그들은 종종 학대의 대상이 되고 부당한 일을 겪는 주인공이 되지만, 그러한 사실을 쉽게 폭로하지 못한다. 남에게 매를 맞았으면 얼마든지 경찰에 신고할 수 있다. 하지만 가족의 일은 그럴 수가 없다. 이러한 일을 이야기할 때에 자신이 보통의 부모와 다른 부모를 가졌다는 사실이 수치스럽기도 하고, 스스로 '가족을 공격하는 파렴치한'이라는 죄의식도 느끼게 된다. 부모의 과오를 덮음으로 해서 '정상적으로 자란 사람'이라는 자신의 이미지도 보호하고 싶다. 그런 아이들은 보통의 아이들보다 훨씬 일찍 인생의 커다란 문제에 직면하게 된다. '나는 왜 이렇게 고통을 받아야 할까?' 그리고 '그럼에도 불구하고 행복해지려면 어떻게 해야 할까?'

그들의 유일한 탈출구는 꿈이다. 현실로부터의 도피를 위해 그런 아이들은 꿈꾸는 능력을 키우게 된다. 그 꿈은 아주 큰 원동력이다. 그런 과정에서 어쩌면 평생 씻을 수 없을 것 같던 상처를 입은 아이들이 보통의 아이들처럼 성공도 하고, 행복도 찾게 된다. 아니 때로 그 이상을 얻기도 한다. 그 놀라운 기적은 '복원력'에서 나온다. 지금까지 어린 시절의 불행이나 가족 간의 불화가 개인에게 끼치는 치명적인 악영향을 이야기해왔다면, 그럼에도 불구하고 우리에게 희망이 있다는 것이 이번 장의 핵심이다.

〈불행의 놀라운 치유력〉은 프랑스의 신경정신의학자 보리스 시륄니크가 쓴 책으로 '복원력'이라는 개념을 통해 불행한 어린 시절을 이겨내고 살아가는 사람들의 이야기를 다루고 있다. 복원력은 '부정적으로 표출될 심각한 위험을 내포한 스트레스나 역경에도 불구하고 성공하여 사회적으로 남에게 인정받을 만한 방식으로 살아가고, 자신을 긍정적인 방향으로 발전시키는 능력'을 의미한다. 실제로 부모가 정신질환자이거나 알콜 중독, 또는 무차별한 폭력을 쓰는 사람인 경우 그 자녀들은 심각한 고통을 겪으며 자라는 것이 사실이다. 그런 모습을 지켜본 사람들은 흔히 '그렇다면 부모처럼 그 자녀들도 불행해질 것'이라고 쉽게 예단한다. '그 아비에 그 아들'이라든지, '딸은 엄마 팔자를 닮는다'라는 말이 정답인 것처럼 생각한다는 것이다. 과연 그럴까. 이 책의 저자는 그러한 편견이 생긴 이유부터 파헤친다.

일단 불행이 반복된다는 오해는 그러한 연구를 하는 전문가들이 특수한 인물, 즉 학대를 반복하는 사람들만 골라서 연구를 하기 때문이라는 것이다. 비록 자신은 학대받았지만, 자녀들에게는 전혀 다른 환경을 제공하는 사람들은 그러한 전문가의 시야에 포착되지 않는다. 일례로 이 책에서 언급된 사례를 보면, 엄마 잃은 신생아 123명 중 19명이 심각한 의존증을 보였고, 23명이 정신적 장애를 겪었다는 통계에서도 똑같은 상황에서 아무렇지도 않게 잘 자라난 나머지 82명에 대해서는 누구도 주목하지 않음을 볼 수 있다.

1938년 하버드대학교에 입학한 대학생 204명을 50년간 추적 조사한 사례의 경우, 가장 힘든 어린 시절을 보냈던 이들이 훗날 어른이 되어서는 가장 행복한 삶을 산 것으로 밝혀졌다. 일찌감치 마주해야 했던 여러 시련들을 이겨나가는 과정에서 얻은 방어기제가 삶을 긍정적으로 이끌어주는 힘이 되었던 것이다. 반대로 어린 시절에 과잉보호를 받고 자란 사람들은 인생에서 필연적으로 나타나는 시련이나 위기에 상대적으로 약할 수밖에 없었다.

학대받는 아동들은 그 시기에 그저 무기력하기만 한 것은 아니다. 그들은 끊임없이 '왜 이런 일이 생기는 것일까?' '내가 이 고통에서 벗어나려면 어떻게 해야 하는 것일까?' 생각한다. 그리고 자신을 강하게 단련하거나, 다양한 감정적인 출구를 찾으려 애를 쓰게 되면서 남다른 성취를 이루어내기도 한다. 복원력은 이 모든 것을 가능하게 한다. 그러나 모든 사람이 그렇게 성취의 길로 나아가지는 못하는 것도 사실이다.

이 책에서는 전쟁이나 천재지변을 겪은 아동들의 후유증에 대해서도 언급하지만, 그러한 겉으로 드러나는 요란한 충격보다 더 위험한 것으로 '지속적인 결핍'을 꼽는다. 이것은 보호자의 무심한 방임과도 연관이 된다. 2차 세계대전 당시 5세였던 유대인 미셸은 수용소에서 탈출하여 어느 일반 가정에서 반년 동안 숨어 지내게 되었다. 안전하기는 했지만 책도, 친구도, 가족도 없이 완벽히 고립된 생활이었다. 그를 숨겨준 사람들은 비록 음식을 주기는 했지만, '미셸에게 아무런 말도 건네지 않았다.' 결국 은신이 들키게 되어 수용소에 돌아가게 되었을 때 오히려 안도와 행복을 느꼈다는 미셸의 증언은 감각적 고립이 물리적 폭력 못지않은 학대에 속한다는 것을 말해준다.

은연중에 자아감을 빚어내는 냉정한 폭력은 아이가 발달해가는 환경의 뼈대가 되는 자질구레한 행동들, 사소한 몸짓, 평범한 말들에 의해 끊임없이 만들어진다. 어떤 고아원 아이가 이렇게 말했다고 하자, "나는 대학입학 자격시험에 합격해서 변호사가 되고 싶어요." 그의 이런 꿈에 찬물을 끼얹는 데는 거창한 말이 필요 없다. 그저 눈썹을 한번 찡긋하거나, 입을 한번 쑥 내밀거나, 몇 초 동안 시선을 움직이지 않는 등의 작은 표정이 아이에게는 이런 뜻이 된다. "어리석은 소리, 그런 꿈은 고아원 아이에게는 불가능해."

차라리 '갑자기 일어난 폭발사건 같은 외상'이 알 듯 모를 듯 계속 되풀이되는 독가스 같은 만성의 외상보다 낫다는 것이다. 아이의 성장이라는 싹을 밟아버리는 방법은 의외로 너무나도 다양하고 때론 너무 무심하게 자행된다. 말없이 흘겨본다거나, 때가 되어도 밥을 주지 않는다거나, 더러운 옷을 입힌다거나, 문을 열어주지 않고 밖에 세워둔다거나, 창고에 가두어 벌을 준다거나, 입버릇처럼 바보라고 부른다거나, 상을 받아왔는데 기뻐해주지 않는 등의 일들은 겉으로는 큰 사건이 아니어서 누구에게 말하기조차 민망한 일들이지만, 발달중인 아이의 인성에는 해악을 끼칠 수 있다.

이러한 결핍을 겪은 이들에게는 성장 후 무엇보다 '애정이 담긴 관계'가 필수적이다. 누구보다 더 그 부분을 유지하는 데에 공을 들여야만 한다. 비록 '참여에 대한 두려움'으로 갖고 싶은 직업을 찾지 못하거나, 사랑하는 사람을 일부러 피하는 사람도 있지만 배우자를 잘 선택하는 방법으로 보통 사람처럼 안정적인 생활을 영위할 수 있는 기회를 마련할 수 있다. 단, 이들에게는 다른 사람들보다 더 자신을 '지지하는 성향'의 배우자가 필요하다. 즉 함께 있을 때, 자신이 더 훌륭한 사람으로 느껴지게 하는 사람을 선택해야 하는 것이다.

레오니는 어렸을 때 지속적으로 어머니에게서 모욕을 받았다. 어머니는 딸에게 수시로 못생겼다, 겁쟁이다, 공부 못하는 아이다, 살아가면서 무엇 하나 제대로 하지 못할 것이다 등 모욕적인 언사를 퍼붓고는 만족감을 느꼈다. 한편 오귀스트는 스스로 정말 불행하다고 느낀 적은 없지만 부모가 자주 이사를 다닌 탓에 친구를 전혀 사귀지 못한 아이였다. 그는 항상 '다른 데서 온 아이'라고 느끼며 살아왔다. 이런 오귀스트가 레오니를 만나자, 자신은 그녀에게 중요한 존재가 될 것이며 둘은 아름다운 바닷가 마을에 보금자리를 틀고 살 수 있으리라는 사실을 금방 알아차렸다. 이들의 계약이 성사되고 나서, 레오니는 이렇게 말하곤 했다. "이 사람 곁에 있으면 내가 아름답고 지적인 여자라는 느낌이 들어요."

복원력을 가동시키는 데에는 또 다른 방법, 자신의 힘들었던 인생을 '이야기로 만들기'가 있다. 모든 슬픔은 이야기로 만든다면 견딜 만하다. 이야기로 만들어야만 자신의 감정을 통제할 수 있게 되고, 자신이 겪은 시련을 그렇게 타인과 공유하면 이해받았다는 정서적인 보상이 온다.

> 말로 된 것이든, 글로 된 것이든 고백에 뒤따르는 근심이 지나가고 나면, 사람은 종종 놀라운 평정상태를 체험하게 된다. "그래, 이게 나야. 난 이런 사람이야. 이런 나를 품어주든지, 내치든지 마음대로 해." 이것이 자서전의 저자라는 정체성의 실체이다. "나는 나를 있는 그대로 보여주었다. 이제부터 나를 좋아할 사람은 나의 됨됨이 그대로를 좋아해줄 것이다. 나는 죽을 지경까지 갔다가 살아난 사람이고, 태어나면서 어머니를 돌아가시게 한 사람이고, 죄를 범한 사람이다." 이렇게 이야기하기 전까지. 그 저자는 사회적으로 남에게 용납될 만한 부분에 대해서만 사랑을 받아왔고, 다른 부분들은 그늘 속에 감춰두었다. 그러나 이 모든 것을 이야기한 뒤에는 있는 그대로의 모습으로 진정하게 전적으로 사랑받는다.

맨 앞에 언급한 성폭력 피해자는 9년 간의 치욕을 글로 써서 발표함으로써 사건을 객관화시키고 스스로 해방감을 얻게 되었으며, 상처 입은 사람들에게 복원력이 있음을 증명해주었다. 그녀가 글을 써서 토해내지 않았더라면 9년 간의 기억은 아무리 밀어내도 계속 일어나는 오뚝이 같은 악몽으로만 존재했을 것이다. 그녀가 고백함으로써 같은 고통을 겪은 사람들이 위안을 얻었고 다른 출구가 있음을 알게 되었다. 물론 그녀의 곁에는 진실을 밝히도록 도와준 사람들이 있었다. 비밀을 들어줄 준비가 되어 있었던 사람들, 그런 사람들이 없었다면 결코 그녀가 입을 여는 일은 불가능했을지 모른다.

남의 불행은 흔히 '강 건너 불구경'이라고 한다. 불구경은 재미있지만, 강 건너여야 한다. 내 삶을 혼란스럽게 만드는 정도까지 나아가서는 안 된다. 특히 전통적이고 보수적인 사고를 뒤흔드는 사건, 이러한 친족성폭행이라든지, 패륜과 같은 사건에 대해서는 대부분 진지한 관심을 두고 싶어 하지 않는다. 사회는 입을 다물라고 요구한다. '침묵의 공모'가 가장 쉬운 선택이다. 그러나 그렇게 입을 다물고 있게 되면, 상처받은 사람의 세계는 무너지게 된다.

나쁜 것이 어디서 왔는지를 알면 수술할 수 있는 법이다.

상처를 예방하는 것도 중요하지만 100% 예방은 불가능하다. 어차피 일어나지 않은 일들에 대해서는 얘기할 것이 없다. 차라리 우리 모두 상처를 입은 후 어떻게 계속해서 살아갈 것인가에 대해 관심을 집중해야 할 때가 아닌가 한다. 그것이 어디에서 온 것이든, 누가 준 것이든.

사랑도 삶도 배워야 한다

_영화 〈가을 소나타〉

세상에서 상처를 입은 아이들은 모두 집으로 달려가고 싶어 한다. 집에는 엄마가 있고, 엄마에게 자신의 상처를 드러내 보이며 위로받을 수 있기 때문이다. 그러나 그럴 수 없다면 아이는 좌절하게 된다. 엄마가 없어서도 아니고, 분명히 존재함에도 그런 사랑이나 위로를 받을 수 없다면, 혼란은 더욱 커진다. 스웨덴 출신의 잉그마르 베르히만 감독의 영화 〈가을 소나타〉에 나오는 딸 에바처럼 '나는 그 누구도 사랑하지 않았고, 아무도 사랑할 수 없다'는 믿음에 사로잡힌 채 살아가게 될 수도 있다.

엄마의 지나친 사랑과 관심 때문에 엄마와 싸운다는 대다수 딸들은 에바가 엄마 샬롯과 싸우는 이유에 공감하지 못할 것이다. 그러나 자식에게 희생하기 싫어하고, 가정이 아닌 다른 것을 좇아 사는 엄마를 가진 딸이라면 에바의 모습에서 자신의 쓸쓸한 마음을 보게 된다. 받아보지 못한 사랑과 관심을 갈구하며 일생을 사는 딸과 이를 버거워하는 엄마의 이야기 〈가을 소나타〉에서 우리는 불안과 상처로 점철된 어느 모녀관계를 지켜볼 수 있다.

루터교 목사 빅토르와 결혼한 딸 에바(리브 울만)는 7년 간이나 소원했던 엄마 샬롯(잉그리드 버그만)에게 어느 날 초대 편지를 보낸다. 엄마의 오랜 연인 레오나르도가 얼마 전 사망했다는 소식을 듣고 엄마를 위로하기 위해서이다. 남도 아닌 엄마에게 보내는 것인데, 심지어 작가라는 직업을 가졌으면서도 에바는 남편 빅토르에게 편지를 읽어주며 일종의 검열을 받는다. 혹시라도 엄마에게서 흠을 잡힐까, 아니면 엄마의 심기를 건드릴까, 두려운 마음이 여기에서부터 보인다. 다행히 세계적인 피아니스트인 샬롯은 바쁜 일정 중에도 시간을 내어 딸이 있는 교외의 목사관으로 와준다. 엄마를 반기는 딸, 그리고 그런 딸을 정겹게 안는 엄마, 이 모습은 여느 모녀와 크게 다르지 않다. 그런데 서로 마주 앉자마자 엄마 샬롯은 연인인 레오나르도가 죽기까지 있었던 일들을 다짜고짜 딸에게 늘어놓는다. 그 얘기가 끝나자 이번엔 자신의 헤어스타일과 옷에 대해 자랑을 한다. 딸이 그동안 어떻게 살았는지, 그녀에게 무슨 일이 있었는지는 관심 밖이다. 점점 굳어져가는 에바의 표정을 보고서야 비로소 '어떻게 지냈느냐'는 안부의 말을 마지못해 건넨다. 그 순간 에바는 조심스럽게 입을 연다. 동생 헬레나가 이 집에 같이 있다고.

헬레나는 전신마비 증세가 있는 중증 환자다. 보통의 엄마라면 이런 딸에 대해 유독 안쓰러운 마음을 갖거나 최소한 그런 동생을 돌보는 에바에 대해 기특한 마음을 가질 텐데, 샬롯은 일찌감치 이 딸에 대한 관심과 애정을 끊어버렸다. 샬롯은 곧바로 불편한 표정을 내비친다. 왜 미리 말해주지 않았느냐고 원망도 한다. 딸의 얼굴을 보는 일조차 두려워한다. 억지로 용기를 내어 아픈 딸 헬레나를 만나 가식적인 애정을 표현하지만, 방으로 돌아와서는 이런 한탄을 한다.

"내가 뭘 바라고 여기에 온 걸까?"

같은 시각, 저녁 식탁을 차리던 에바도 같은 생각을 한다. '엄마는 뭘 바라고 여기에 온 것일까' 하고. 엄마가 자신과 헬레나에 대해 보이는 반응에서 예전과 전혀 달라지지 않은 무심함을 발견했기 때문일 것이다. 두 모녀의 갈등은 식사 후 나란히 앉은 피아노 앞에서 서서히 시작된다. 쇼팽의 피아노 전주곡 2번을 에바는 여전히 엄마 앞에서 검사 받는 기분으로 쳐낸다. 불안하고 긴장되어 있다. 엄마 샬롯은 에바의 연주에 대해 '맥 빠진 아줌마 같다'는 신랄한 평을 하고 만다. 에바와 달리 유명예술가 샬롯이 구현해내는 음악 세계는 '침착하고, 분명하고, 가혹할 정도로 완전한 절제'다. 그리고 '최후의 승리'다. 그것은 샬롯이 딸들에게 그동안 보여 온 엄마로서의 모습과도 크게 다르지 않다. 그런 엄마를 바라보는 에바의 시선에는 예술가에 대한 존경도 담겨 있지만, 거대한 벽을 마주하고 있는 사람의 갑갑함도 느껴진다.

에바는 4살 때 사고로 죽은 아들 에릭의 방에서 다시 엄마와의 공감을 시도한다. 같은 엄마로서 느낄 수 있는 모성애, 그리고 사랑하는 누군가를 저세상으로 보낸 이가 가질 수 있는 영생의 희망 등을 이야기하지만, 샬롯은 내내 지루해하다가 급기야 방을 나가버린다. 자신이 연주 준비로 한창 바쁠 때 태어난 손주 에릭은 샬롯에게는 전혀 애틋한 존재가 아니다. 딸과 사위는 에릭의 사진들을 슬라이드로 만들어 보여주지만 샬롯은 그들의 슬픔과 안타까움을 이해하지 못하고 단순히 '딸이 별로 행복하지 않은 모양이구나!' 정도로 받아들인다. 그런데 그 날 밤 샬롯은 누군가 자신의 목을 깨무는 악몽을 꾸고 잠에서 깨어난다. 오랜만에 만난 딸의 집에서 악몽을 꾸다니! 거실로 내려온 샬롯 앞에 에바가 다가온다. 엄마가 집으로 온 이후 줄곧 손님 모시듯, 엄마를 챙겨주려고 했던 에바였지만 사방이 고요한 새벽 1시 반에는 더 이상 자신의 감정을 누르지 못한다. 그녀는 샬롯에게 질문을 던진다.

"엄마는 절 좋아하세요?"

  샬롯은 자신이 딸들과 남편에게 무심했다는 것을 자각하지 못한다. 가족 때문에 일을 포기한 적이 있지 않았느냐며 딸에게 항변한다. 엄마에 대한 모든 것을 뼈아프게 기억하는 에바는 조목조목 따지기 시작한다. 엄마가 그때 일을 포기했던 것은 가족 때문이 아니라 등 부상 때문이었다고. 엄마가 아빠 아닌 다른 남자와 사랑에 빠져 있을 때엔 자신이 아빠를 위로해야 했다고. 이젠 다 커서 엄마를 이해할 줄 알았는데 그게 안 된다고. 엄마는 시간 날 때엔 자신을 인형처럼 가지고 놀다가, 아프거나 말을 안 들으면 곧장 유모에게 줘버렸다고. 엄마가 자신을 두고 연주 여행을 떠날 때마다 자신은 죽을 것 같았고, 다시는 행복해질 수 없을 것 같았다고. 엄마를 사랑했지만 엄마의 말을 믿을 수 없었다고. 말로는 '사랑하는 내 딸'이라고 했지만 눈빛에는 지겨움이 가득했다고.

샬롯은 다시 한 번 항변한다. 에바가 14살이었던 때에 완전히 일을 손에서 놓고 가정으로 돌아오지 않았느냐고. 에바는 그 시절이 가장 끔찍했다고 토로한다. 일로 해소하지 못한 모든 스트레스를 자신에게 풀었고 자신은 그 희생양이 되어야 했다고. 차마 엄마를 미워한다고 할 수 없어서 미움이 '공포'가 되었다고. 딸의 의사는 무시한 채 자신의 의지만 관철시키던 샬롯이 에바를 첫사랑과 억지로 헤어지게 만들었던 일도 이 자리에서 폭로된다. 그리고 에바는 절규한다.

"모녀관계란 감정과 혼란, 파괴로 이루어진 최악의 결합이에요. 모든 것이 가능하고, 사랑이라는 미명 하에 정당화되죠. 엄마는 자신의 상처를 딸에게 물려주죠. 엄마의 실망에 딸들이 보답해야 하고 엄마의 불행은 딸의 불행이 되어요. 영원히 끊어질 수 없는 탯줄이에요. 그런데 딸의 불행이 엄마의 행복인가요? 제 슬픔이 엄마의 기쁨인가요?"

줄곧 자신의 진짜 감정에 닿지 못하던 샬롯은 그제야 자신의 내면을 돌아본다. 부모님의 따스한 접촉이 일절 없었던 어린 시절, 그녀에게 감정 표출은 오직 음악을 통해서만 가능했다. 에바는 자신의 고통이 어떤 것인지, 어디에서 오는 것인지 명확히 알고 있었지만, 샬롯은 모호한 안개 속에 서 있는 것처럼 무엇이 자신의 문제인지조차 알지 못한다. 엄마의 얼굴조차 잊어버렸다는 샬롯은 그런 애틋한 사랑을 오히려 어린 딸인 에바에게서 받고자 했었다고 고백한다. 그렇게 계속해서 누군가 자신을 사랑해주고, 위로해주길 바라다보니 아이가 자신에게 엄마의 역할을 기대하는 것이 무섭고 싫었다고 말한다. 그리고 에바에게 이렇게 애원한다.

"날 용서해줄 수 있겠니?"
"고치려고 노력할게."
"날 가르쳐주렴."
"네 미움이 너무 크구나. 난 못 견디겠어."
"난 그동안 내가 너무 이기적이고 어리석었다는 것을 몰랐어."

사람들은 흔히 이렇게 말한다. 엄마에게 서운했던 게 있어? 그럼 가서 말해. 엄마 때문에 힘들었다고 말해. 그리고 사과를 받으면 되잖아. 정말 그러면 모든 문제가 해결될 것만 같다. 그런데 엄마가 눈물을 흘리며 딸에게 사과를 하는 이 장면은 전혀 카타르시스를 주지 않는다. 진정으로 무엇이 고통이었고, 무엇을 사과해야 하는지 알지 못하는 이의 사과는 공허하기 짝이 없다. 샬롯의 진심은 오히려 이 말을 남기고 날이 밝자마자 도망치듯 떠나버린 것에서 드러난다. 그냥 감당하기 버겁고 불편하기만 한 것이 그녀에게는 '모성'이고 '가족'이고 '딸들'이었다. 엄마가 그렇게 떠나버린 후 헬레나는 비명을 지르며 분노하고, 에바는 허탈해 하면서도 여전히 희망을 놓지 않는다. 이는 샬롯 같은 엄마를 둔 딸들이 취할 수밖에 없는 두 가지 양태로 보인다.

세상에 가득한 흔한 모성, 모든 여성이 가진 것 같은 이 따사로운 사랑은 때로 어떤 여성들을 가식적으로 만들기도 한다. 화장이라도 하듯 그녀들은 그런 사랑을 표정에 담기도 한다. 하지만 단 한 사람, 아이에게는 그런 가식이 통하지 않는다. 샬롯은 에바를 때리지도 않았고 거친 욕설을 퍼붓지도 않았지만 진짜 관심과 애정이 아니었던 것을 숨길 수 없었다. 친딸이 들이대는 윤리의 잣대 앞에 세계적인 피아니스트의 명성과 품위는 아무것도 아닌 게 되어버린다. 샬롯은 모성 앞에 초라하고 비참한 자신의 모습을 보았기에 그것을 더 견디기 힘들었을 것이다. 어쩌면 엄마가 한 인간으로서, 또는 모성으로서 충분히 성숙하기도 전에 아이가 자라버리는 것이 비극의 원인일지도 모른다.

샬롯의 모성은 아이들을 출산할 당시 몸이 아팠다는 것(출산통)에서 조금도 자라지 못했다. 불치병을 가진 둘째 딸 헬레나에 대해서는 요양원에 보내버리거나, 차라리 일찍 죽는 게 낫겠다고 생각할 정도다. 그러니 한참 세월이 흘러 이제 다 지난 일이라고 생각했던 일들에 대해 딸의 추궁을 듣는 것은 공감할 수도, 이해할 수도 없는 난감한 일일 뿐이다.

이들 모녀관계에서의 주도권, 혹은 희망은 오히려 무성한 나무 같은 모성을 가진 딸 에바에게 있다. 고작 4년을 살다가 떠난 아들을 여전히 잊지 못할 만큼, 엄마의 사랑이 어떤 것인지 잘 알고 있는 그녀는 남다른 인내로 다시 화해의 날을 고대한다. 화해의 날이 과연 올지는 알 수 없다. 하지만 이 영화 맨 처음에 등장하는 에바의 글, '삶도 배워야 한다. 난 매일 연습한다.'에서 보이듯 그녀는 계속 엄마에게 다가가기 위해 노력하고, 노력할 것 같다. 끝내 엄마를 자신의 인생에서 지우지 않기 위해서.

PART 04

♥

엄마에게로 가는 길

엄마답지 못한 엄마들 _마더쇼크
세상의 모든 엄마들 _엄마 미안해
그래도 사랑해요, 엄마 _사랑합니다, 당신의 세월을

엄마답지 못한 엄마들

_마더쇼크

힘들었던 딸들도 자라서 언젠가 엄마가 된다. 자신이 힘들었다고, 엄마가 되는 것을 굳이 피할 사람은 많지 않을 것이다. 나도 만약 임신을 했더라면, 그런 일은 안타깝게도 없었지만, 꼼짝없이 엄마가 되었을 것이다. 내가 뭐라고, 민들레홀씨처럼 날아와 내 안에 안착한 생명을 거부할 수 있었을까. 두렵고 혼란스러운 것은 잠시, 어쩌면 세상에서 가장 좋은 엄마가 되어보겠다고 감히 다짐했을지도 모른다.

내게 엄마라는 존재의 맨 처음 기준이 되었던 것은 〈안데르센 동화집〉의 '어느 어머니 이야기' 라는 동화 속 엄마였다. 죽음의 신이 데려간 아이를 되찾기 위해 그 엄마는 눈물을 철철 흘려가며, 온갖 가시밭길을 지나 자신의 눈까지 뽑아가며 먼 길을 헤맨다. 이 정도면 〈엄마를 부탁해〉 속 다섯 아이를 희생으로 길러낸 엄마보다 한 수 위다. 나는 이 정도는 되어야 엄마인 줄 생각했다. 매일 악다구니 쓰는 현실의 엄마는 그래서 오히려 비현실적이었고, 깨어나고 싶은 악몽과도 같았다. 만약 내가 엄마가 되었더라면, 내 눈을 내어주지는 못할지언정 아이를 세심하게 돌보고, 언제나 아이 마음을 먼저 읽어주는 그런 엄마가 되기를 꿈꾸었을 것이다. 다른 여성들도 대부분 그럴 것이다.

하지만 막상 아이가 태어나면, 많은 엄마들이 그동안 기대했던 것과는 다른 현실을 보게 된다. 아기를 낳자마자 감동의 눈물을 흘리는 그런 CF 속 아름다운 장면은 없다고 한다. 일단 너무 지쳐 배가 고프기도 하고, 빽빽 울어대는 아기는 예쁘다기보다 이상하고 낯설기만 하다. 한동안 좋은 엄마의 모습을 노력해보지만 오래가지 못한다. 아이가 커갈수록, 죽어도 엄마처럼은 살지 않겠다던 딸들이 그토록 경멸했던 엄마의 모습을 닮아간다. 아름다운 모성이 저절로 샘솟지 않는 것에 당황하는 엄마들, 그들의 내면에는 무엇이 있는 것일까.

EBS 방송의 〈다큐프라임〉에서 기획한 모성회복 프로젝트 〈마더쇼크〉는 너무나도 완벽하고 당연한 것이라고 우리가 믿어왔던 모성에 대해 진솔한 탐구를 시도한 프로그램이며, 같은 제목의 책으로 출간되었다.

엄마가 엄마다울 수 없는 것에는 여러 요인이 있다. 애당초 육아 자체가 쉬운 일이 아닌 것이다. 정신적, 육체적 힘을 쏙 빼놓는다. 핵가족일 때에는 옆에서 도와줄 일손도 부족하다. 무엇보다 가장 큰 문제는 엄마 마음속에 자리잡고 있다.

모성회복 프로젝트를 위해 모인 젊은 엄마들은 아이를 키우며 행복하지 못한 자신들이 가진 문제의 대부분이 어린 시절 상처로 인한 것임을 깨닫게 된다. 미혼일 때에는 잠자고 있던 기억이 엄마가 되어 어린 시절과 같은 상황에 직면하게 되자 문득 되살아나는 것이다. 하필이면 남존여비사상이 강한 우리나라에서 딸로 태어난 죄로 많은 여성들이 친정엄마로부터 사랑받지 못했고, 칭찬 듣지 못했던 설움을 가슴 가득 간직하고 있다. 그리고 상처 입은 그 모성이 대물림되는 것이었다.

남들처럼 아이에게 '사랑한다!' 라는 말을 못하고, 아예 아이를 만지기조차 싫은 여성, 그녀에게는 어린 시절 자신이 아무리 울어도 돌봐주지 않았던 친정엄마의 기억이 있다. 그녀는 심지어 동생의 장애를 두고 '네가 하도 울어서 동생이 저렇게 되었다' 는 말까지 들었다.

아이가 조금만 칭얼대도 화가 나서 소리를 지르는 여성에게는 기분 내키는 대로 폭력을 쓰던 부모님이 계셨다. 늘 그렇게 맞기만 해서인지, 아이를 때리면 기분이 어떨까 하는 무서운 호기심을 느끼기까지 한다.

겨우 네 살인 아들이 말을 안 들을 때마다 매서운 눈빛으로 노려보며 다스리는 여성의 기억에는 어린 시절 부모님의 애정을 독차지했던 큰오빠에 대한 미움이 담겨 있다. 아이가 겁에 질려 우는 모습에서는 예전의 무기력했던 자신이 보여서 더 밉다. 그럴 때마다 사랑으로 아이를 키우는 방법을 가르쳐주지 못한 친정엄마가 원망스럽다.

자신들이 원하거나 원하지 않거나, 이 엄마들의 뇌 회로는 각자의 친정엄마로부터 받은 경험을 근거하여 구성되어 있는 것이다. 엄마는 '마치 24시간 켜져 있는 TV광고처럼' 아이에게 끊임없이 메시지를 전달하고 아이는 그 영향을 고스란히 받게 된다. 그런데 좋은 메시지보다는 나쁜 것이 더 많을 수 있다.

"네가 그럴 줄 알았어!"
"넌 왜 맨날 그러니?"
"그것밖에 못해?"
"제 아빠 닮아가지고, 쯔쯔쯔."

엄마 입장에서는 무심코 되는 대로 내뱉는 말이지만, 아이의 기억에는 모두 차곡차곡 쌓인다. 엄마의 말뿐이 아니라 표정과 행동, 생활습관까지 아이의 오감으로 전달된다. 무서운 사실은 외할머니, 엄마, 아이까지 삼대에 걸쳐서 아주 유사한 정서적 성향을 이어받게 된다는 것이다. 외할머니가 엄마를 편안하고 친밀하게 키웠다면, 그 엄마도 아이를 비슷한 방식으로 편안하게 양육한다. 외할머니가 엄마를 귀찮아하고 멀찌감치 내버려두는 식이었다면 엄마도 아이를 지나치게 일찍 독립시키는 방식으로 양육하게 된다.

어린 시절 내가 지켜본 외할머니는 항상 웃는 얼굴에 인자한 모습이었다. 한 번도 무섭게 화를 내거나 야단치는 적이 없어서 어린 마음에도 '저렇게 인자한 분이 엄마라면 정말 좋을 텐데, 왜 우리 엄마는 매사에 불만이 많은 걸까?' 의아했던 적이 있다. 그런데 한참 뒤 큰이모의 입을 통해 전해들은 외할머니의 객관적인 실체에는 내가 생각했던 것과 다른 게 있었다. 외할머니가 만약 성직자나 자선사업가였다면 아주 적합하신 분이었겠지만, 자녀를 챙기고 먹이고 입히는 엄마로서의 모습은 아니었다는 것이다. 예를 들면 외할머니는 떡을 잔뜩 해서는 동네 아이들을 먼저 나누어주고 남는 것이 있어야 비로소 자식들을 먹였다고 한다. 딱히 내 아이라고 더 사랑하는 그런 모습이 안 보였다는 것이다. 나 좀 봐달라고 소란을 피우지 않으면 굳이 돌아보지도, 챙기지도 않는 무심함이었다. 게다가 중고등학교부터는 통학을 위해 엄마를 서울 친척집으로 보내버렸다. 낯선 곳에서 엄마는 외할머니를 그리워했을 테지만, 지나치게 쿨했던 외할머니는 그런 엄마 마음을 잘 이해하지 못했던 것 같다. 결국 엄마는 외할머니의 그런 무심함이 싫었으면서도 그런 무심함을 넘어서는 다른 육아방식은 알 수가 없었다. 보통 엄마들이 흔히 하는 "밥은 먹었니? 잘 챙겨먹고 다니는 거니?" 같은 말을 우리 남매들은 거의 듣지 못하고 자랐다. 우리 엄마는 다른 면으로는 손 크게 지원을 해주면서도, 외할머니가 그랬듯이 자식들을 잘 챙겨 먹이는 것이 그리 중요한 일이라고 생각지 못했던 것 같다.

그런 외할머니와 엄마의 계보를 잇는 내가 만약 엄마가 되었더라면 어땠을까? 처음에는 정말 의욕에 차서 최선을 다해 아이를 챙겼겠지만, 어느 순간 지쳐 나가떨어지면서 '아, 제발 네가 좀 알아서

해라' 하며 등을 떠밀지 않았을까. 세상에서 가장 좋은 엄마가 되겠다는 꿈은 계속 유보되다가 어느 순간 소멸되었을지도 모른다. 내가 혼자 많은 것을 알아서 했던 순간들을 떠올리면서 '우리 아이는 그렇게 하지 않도록 해야지' 하는 게 아니라, '나도 그렇게 했는데, 너는 왜 못해? 너는 왜 그렇게 엄마한테 많은 것을 바라니?' 하는 마음이 들기 쉬웠을 것이다. 정신을 똑바로 차리지 않는다면 물 흐르듯, 기억이 하자는 대로 그렇게 되었을 것이다.

친정엄마로부터 상처 입었던 여성들은 마치 몸의 일부인양 달라붙어 있던 그 과거를 찬찬히 들여다봄으로써 치유를 시작해야 한다. 먼저 자신이 어렸을 때 겪은 일들 중 아프고 사무쳤던 것들을 이것저것 회상해보도록 한다. 그 다음에는 친정엄마의 시대적, 지리적 상황을 이해해야 한다.

옛날 엄마들은 요즘 엄마들이 상상하는 것보다 훨씬 더 많은 노동에 시달렸다. 시골에서 살았다면 집안일 외에 밭일, 논일, 과수원 일까지 해야 했다. '좋은 엄마는 이러저러해야 한다!' 거나 '아이들에게 상처는 오랜 기억으로 남는다!' 같은 상식이나 정보가 없었으니 아이들을 무섭게 혼내고도 반성하지 않았다. 그야말로 본능에 의존한 모성과 개별적인 인성만으로 아이들을 키웠던 것이다. 아무리 자신이 힘들었다 해도 예전 친정엄마들의 삶은 더했다. 그렇게 친정엄마가 살았던 시대와 환경을 이해하면 모녀를 가해자와 피해자로 나누는 공식에서는 벗어날 수 있다.

그러나 하루 이틀 들은 것도 아니고 뼛속깊이 뿌리박힌 엄마의 반복된 메시지, '넌 쓸데없어!' '네가 할 줄 아는 게 뭐냐?' 같은 부정적인 말의 영향에서 벗어나는 것은 쉽지 않다. 이성적으로는 그렇지 않다고 생각하지만 무의식은 엄마 말이 맞는 것처럼 느껴진다. 자신을 보호해주어야 하는 사람으로부터 시시때때로 공격당한 기억은 결코 쉽게 사라지지 않는다. 이런 때에 '인지적 왜곡'이 일어나기 쉽다고 한다. 이를테면, 한두 가지 사건만으로 '내가 항상 그렇지' 하며 일반화시킨다거나, 양극단적인 사고로 치닫는다거나, 지레짐작으로 상황을 나쁜 쪽으로 몰아가는 것이다. 여기에서 벗어나기 위해서는 그야말로 대단한 '의식적인' 노력이 필요하다. 사고의 중심을 완전히 나에게로 가져와야 한다. 엄마의 딸이 아니라 나의 엄마다. 모든 생각과 판단의 주체는 '나'여야 한다. '난 괜찮아, 난 할 수 있어!'라는 긍정적인 입버릇을 갖는 것도 중요하다. 주변에서도 도움을 받아야 한다. 가족 아닌 제3자의 눈에만 보이는 문제점이 있는데, 누군가 그것을 지적해주면 겸허하게 받아들여야 한다. 나도 평생 그런 노력을 경주해왔던 것 같다. 언제나 울음 섞인 것 같던 목소리를 바꾸려고 노력했고, 사람에 대한 경계심을 버리려고 노력했다. 오랜 시간이 걸렸지만 보람이 있었다. 훨씬 빨리 과거에서 벗어나는 사람도 있을 것이다. 방향만 옳다면 반드시 목적지에 도착하게 될 것이다. 그러고 나면 완전히 새로운 세상이 시작된다.

엄마는 자신을 비춰주는 거울과도 같다. 그런데 그 거울이 더럽거나 일그러져 있으면 내 모습도 그렇게 보인다. 그렇다고 실제의 내 모습이 더럽거나 일그러진 것은 아니다. 거울에 어떻게 비춰지든, 자신이라는 실체의 소중함은 변하지 않는다. 그리고 인생은 누군가의 기대나 예언에 부응해서 살아가는 게 아니라, 자신의 뜻을 펼쳐가는 것이다. 그렇게 씩씩하게 자신만의 새로운 길을 개척하다 보면 어느새 자신의 아이들 앞에 맑고 건강한 거울이 되어 서 있게 될 것이다. 건강한 모성의 대물림, 그것만으로도 엄마로서 성공한 인생이다.

세상의 모든 엄마들

_엄마 미안해

2년 전 엄마는 무릎관절 수술을 했다. 늘 씩씩하고 건강했던 엄마에게 이런 대수술은 처음이었고, 어린 아이처럼 엄마는 겁에 질려 있었다. 수술을 결심하기까지 오랜 두려움과 망설임이 있었다. 엄마의 아픈 관절 앞에 우리 딸들은 무너져 내렸다. 아빠가 돌아가셨을 때 이후 처음으로 엄마가 안쓰럽고, 애틋했다. 가까스로 수술을 마치고 마취에서 깨어나자마자 엄마는 내게 이런 말을 했다.

"다시는 너희 집에 가지 못하는 줄 알았어!"

뭉클했다. 적어도 마취에서 깨어나자마자 튀어나오는 말은 진심이라고 생각했으니까. 그러나 남은 입원기간 내내 엄마는 슬그머니 예전으로 돌아가 있었다. 괜한 짜증과 심통으로 간병인을 울려서 보냈다. 주변 사람들에게는 태연히 내 직업을 속였다. 퇴원하던 날에는 다른 환자와 한바탕 싸움을 벌이기도 했다. 너무 마음이 아팠다. 어린 시절의 나쁜 기억은 흘려보낸다 해도, 지금까지 반복되는 엄마의 이런 모습은 견디기 힘들었다. 내가 아는 그 누구도 이런 행동은 하지 않는다. 그런데 왜 엄마는 딸들로 하여금 계속 사랑할 수 없게 하는지, 잠깐이나마 보였던 그 순한 양 같던 모습은 어디로 갔는지 알 수 없었다. 그렇게 이랬다저랬다 변덕부리고 기분 내키는 대로 행동하는 것은 엄마답지 못한 것이고 반칙이잖아, 라고 외치고 싶었다. 정기 검진을 위해 함께 병원을 찾은 날, 또 쌈닭처럼 옆 사람들에게 시비를 거는 엄마를 보고 나는 기어이 이렇게 물었다.

"엄마는 왜 그렇게 못됐어?"

나는 관절 수술하기 직전, 살짝 기가 죽었던 시기의 엄마에게서 '보통 엄마'의 모습을 처음 보았었다. 보통의 딸들이 늘 편들고 싶고, 애틋하고, 응석부리게 된다는 그런 엄마의 모습을. 아니 그것은 엄마라기보다 그냥 '약한 여성'의 모습이었다. 뭔가를 지키기 위해 잔뜩 독이 오른 채 갈퀴를 휘두르는 모습이 아닌, 세월의 변화에 어리둥절하다가 서서히 순응하고 받아들이는 여성이었고, 딸이라도 얼른 다가가서 품어주고 감싸주고 싶던 모습이었다. 나는 그런 엄마를 평생 그리워했고, 그런 엄마를 사랑하고 싶었다. 그러나 신기루처럼 순식간에 사라져버렸다.

이 책 《엄마 미안해》는 미국의 저널리스트 아이리스 크래스노가 무려 100여 명의 딸들을 만난 후 그들의 모녀이야기를 정리한 책이다. 누구보다 저자 아이리스 크래스노의 엄마는 국적과 나이가 다름에도 불구하고 우리 엄마와 흡사해서 깜짝 놀랐다. 상대가 다 들을 수 있을 만큼 가까이 있는데도 뚱뚱하다느니, 못생겼다느니, 립스틱 좀 발라야겠다느니 흠을 잡는 모습이라든지, 자신의 귀한 보물은 딸이 손도 못 대게 숨겨놓는다든지, 부엌에 얼씬도 못하게 하는 것으로(우리 엄마는 반찬거리 심부름도 절대로 안 시켰다. 콩나물 한 봉지도 늘 직접 사오곤 했다.) 자기 영역을 철저히 지킨다든지, 겉보기엔 자식들에게 언제나 차갑게 거리를 두는 모습이었다는 것에서 말이다. 이런 엄마를 아이리스는 역시 사랑하지 못했다. 꽤 오랫동안.

그런데 아빠가 돌아가시고 혼자가 된 엄마를 지켜보면서, 마침내 그 엄마가 다리 절단 수술까지 한 후에야 아이리스는 마음이 누그러졌다. 엄마의 독설은 여전했지만, 아이리스는 이제 그냥 듣고만 있게 되었다. 엄마가 달라지지 않을 것임을 알기 때문이었다.

아이리스의 엄마는 폴란드 태생의 유대인으로 홀로코스트를 겪으며 가족을 일찍이 모두 잃었다. 심성이 착하거나 정의롭다고 해서 세상에 잘 적응하고 살아남을 수 있는 게 아님을 배웠다. 그런 엄청난 경험이 그녀 마음속에 거대하고 딱딱한 벽을 만들었을 것이고 무작정 누군가를 믿거나, 아낌없이 사랑을 주는 능력 자체를 망가뜨렸던 것이다. 그녀는 극적으로 살아남아서 아이리스를 비롯한 세 아이를 낳아 기른 것만으로도 대단한 일을 해낸 것이었다. 일제강점기에 초등학교를 다녔고, 6.25전쟁까지 겪었던 우리 엄마도 어쩌면 우리가 모르는 아픈 역사의 기억을 영혼에 새기고 살아왔는지 모른다.

아이리스는 엄마가 조금씩 약해지고 병들어가는 것을 보면서, 그동안 곪아 있던 상처를 치유하기로 결심했다. 그런데 어느 날 터진

말싸움을 빌미로 평생 가슴에 간직해두었던 이야기를 다 꺼내버렸다. 엄마가 자신에게 너무 차갑고 가혹했던 것, 엄마답지 못했던 것, 모녀간에 작고 소소한 추억을 만들어주지 않았던 것에 대한 원망을 퍼붓는다. 그때 여든이 넘은 엄마의 답은 이랬다.

"그렇게 나빴던 것만은 아니야. 식탁 위엔 언제나 먹을 게 있었
잖니. 난 최선을 다한 거야."

이제 아이리스는 자신의 삶 면면에서 엄마의 모습을 발견한다. 그렇게 싫었던 엄마의 행동을 이제는 이해할 수 있게 되었다. 다른 것을 기대하지 않고, 있는 모습을 그냥 받아들이니 평화가 왔다. 그리고 자신처럼 엄마를 미워했던 딸들, 이제 50세 전후의 중년이 된 그들이 세월과 함께 엄마와의 관계를 어떻게 다시 받아들이게 되었는지 인터뷰하기 시작한 것이다. 이를 통해 우리는 다양한 엄마들을 만나게 된다. 냉정한 엄마, 강한 엄마, 화내는 엄마, 완벽을 요구하는 엄마, 일에만 매달렸던 엄마…… 딸들은 비슷한데, 어쩐지 엄마의 종류는 천 가지도 넘는 것 같다.

모범생이었고, 광고회사 간부인 지금까지도 규칙적이고 반듯한 생활을 유지하는 50세의 리타에게는 자신과 정반대인 엄마가 있다. 일흔에도 엄마는 머리를 금발로 물들이고, 가슴까지 단추를 풀어헤친 채 늦은 밤 바를 들락거린다. 처음엔 그게 너무 싫었고, 제

발 엄마가 품위 있게 살기를 바랐다. 그러나 어느 순간 그런 바람이 헛되다는 것을 깨닫고 나서 그것이 엄마 인생임을 받아들이게 되었다. 자신도 아이들을 키우면서 이상적이고 멋진 엄마가 된다는 것이 얼마나 어려운지 느꼈기 때문이기도 하다. 그래서 리타와 엄마는 너무 오랜 시간을 같이 있지 않도록 조심하면서, 각자의 다른 인생을 인정하고 서로의 관계를 즐기는 친구가 되었다. 엄마 스스로 행복해질 수만 있다면, 어떤 것도 문제가 되지 않는다는 것이다.

51세 레베카의 경우는 좀 다르다. 엄마의 인생을 이해하고 받아들이기에는 지난 상처가 너무 깊었다. 레베카의 엄마는 늘 화를 내는 사람이었다. 순탄하지 못하게 살아왔던 자기 인생의 모든 분노를 가족에게 쏟아 부었다. 선량한 아버지도, 할머니도, 아이들도 모두 그 희생양이 되어야 했다. 레베카는 엄마의 잔소리 때문에 비쩍 마른 채 위염을 앓을 정도였다. 이제 나이가 든 엄마는 결혼한 레베카의 집을 가끔 찾는다. 레베카는 엄마에게 절대로 지난 일들, 감정에 대한 문제를 꺼내지 않는다. 엄마에게 더 가까이 다가서고 싶은 마음도 없고, 어차피 용서할 수도 없을 것 같기 때문이다. 오죽하면 아버지가 세상을 떠날 때, '이제 엄마 잔소리를 들을 필요가 없을 것'이라고 위로했을까. 엄마가 더 이상 거동하지 못할 만큼 나이가 들게 된다면, 자신이 직접 돌볼 생각이지만, 그래도 감정의 교류는 하지 않기로 한다. 엄마가 예전처럼 소리를 지르거나 나쁜 말을 하면, 그 순간 마치 인생코치처럼 '그러지 말라'고 타이를 뿐이다. 비록 성격은 모가 났지만, 손재주가 좋았던 엄마가 만들어주었던 많은 것들을 떠올리면 엄마가 그렇게 나쁘기만 하진 않았다고 생각된다. 엄마와의 사이에 세운 벽을 허물지 않는다면, 그럭저럭 평화롭게 살 수 있을 것이라고 그녀는 믿는다.

독일 출신의 냉정한 엄마를 둔 엘렌은 덕분에 섭식장애를 얻었다. 성장기에 엘렌은 자신에 대한 어떤 것도 엄마에게 털어놓을 수 없었다. 묻고 싶고 상의하고 싶은 게 많았지만 그때마다 엄마는 엘렌을 차갑게 피해버렸다. 엄마를 가까이 할 수 없게 되자 엘렌은 편안함을 주는 다른 것, 즉 음식에 집착하기 시작했다. 어린 시절에 엄마는 곧 음식과 연결되는 존재이기도 하니까. 엘렌은 몇 주 만에 10킬로그램이 늘어나는 경험도 하며, 폭식증과 거식증을 오갔다. 다행히 행복한 결혼을 통해 자신을 통제할 수 있게 되면서 어느덧 그녀의 인생에도 변화가 왔다. 그리고 37년이 지난 후 그렇게 어렵기만 했던 엄마와 자신의 속내를 털어놓는 대화를 하게 되었다. 엄마는 더 이상 자리를 피하거나, 말을 자르지 않았다. 진지하게 딸의 이야기를 들어주고 관심을 표현했다. 자신은 60을 바라보고, 엄마는 87세인 지금 말이다. 자신이 끊임없이 성장하고 있었듯이, 엄마도 성장을 하고 있었던 것이다.

저자 아이리스는 '10대에서 40대 중반에 이르는 35년이라는 오랜 시간을 엄마는 왜 내가 생각하는 정상적인 엄마가 되지 못할까,

라며 화를 내는 데 매달려왔다'고 고백한다. 사실 엄마가 그런 엄마인 것은 엄마 역시 그런 엄마를 가졌기 때문이었다는 것을 알아채는 데에는 시간이 필요하다. 그것은 사람에 따라 스물다섯이 되어도, 서른다섯이 되어도, 마흔이 넘어도 불가능하다. 아이리스는 쉰이 되면서야 사람에게는 누구나 한계가 존재하고 엄마도 그냥 사람이라는 것을 받아들이게 되었다고 한다. 우리 세 딸 중 50을 넘은 큰언니가 엄마에게 가장 관대한 것도 아마 나이에서 오는 시각의 차이, 포용하는 능력의 차이가 있기 때문일 것이다.

세상에 어떤 엄마들은 딸들을 키워서 먼 세상으로 보내버리면, 책임과 의무에서 벗어나게 될 것이라고 생각한다. 딸들도 그렇게 집을 떠나기만 하면 엄마와 헤어질 수 있을 거라고 생각한다. 그러나 나이가 들수록 엄마와 딸은 가장 먼저 해결해야 할 관계로 서로를 떠올린다. 집착이든 분노든 그 끈끈함은 어떤 것과도 비교할 수가 없다. 그리고 그런 나이와 상황에서 주는 감정은 엄마도 딸도 예전에는 미처 겪어보지 못했던 것이다. 이쯤에서 미래를 슬쩍 내다본다면, 어쨌든 서로의 도리를 다하는 것이 가장 후회 없는 방법이라는 것이다.

언젠가 내게도 '엄마, 왜 그래?'라고 마음속에서 소리치지 않을 수 있는 시간이 올까. 엄마가 어떤 소란을 피우더라도, 어떤 험한 말을 하더라도, '엄마는 바뀌지 않을 테니까' 하고 담담하게 체념할 수 있게 될까. 그 모습마저 너그럽고 애틋한 마음으로 바라볼 날이 올까. 아직 정해진 길은 없다. '내 삶의 평화'라는 방향만 정해져 있을 뿐이다. 그곳으로 가는 길은 각자 다를 수 있다. 이 책에서 베스라는 딸은 엄마와 이런 대화를 나누었다.

'병원에서 엄마가 많이 아팠던 날 나는 엄마에게 말했다. "사랑해요, 엄마" 그러자 엄마가 말했다. "나도 나를 사랑한다." 그 말에 나는 정신이 얼얼해졌다. 하지만 멈추지 않고 계속 말을 이었다. "엄마가 엄마를 사랑하는 것 저도 좋아요. 그냥 저도 엄마를 사랑한다는 것만 알아줬으면 해요." 엄마는 한참동안 나를 바라보다가 입을 열었다. "나도 널 사랑한단다."

예전 같았으면 계속 말을 잇지 못했을 것이다. 그때는 엄마가 문을 닫으면 그냥 돌아서서 가버렸기 때문에. 지금은 엄마가 문을 닫아도 당당히 걸어 들어가 내가 원하는 것을 얻는다. 나는 틈만 나면 엄마를 찾아가 잘 지내는지 확인한다. 엄마는 "이럴 필요까지는 없다."고 말하곤 한다. 그러면 나는 이렇게 말한다. "엄마, 다 저를 위해서 이러는 거예요. 제가 엄마를 봐야 하거든요."

세상에서 가장 강해져야 할 존재는 엄마가 아니라 딸이다.

그래도 사랑해요, 엄마

_사랑합니다, 당신의 세월을

    사랑받지 못한 딸도 행복하게 잘 사는 일이 가능할까? 만약 어린 시절 사랑을 받든, 안 받든 인간이 잘 살아가는 데 지장이 없다면 이 모든 이야기들이 아무런 의미가 없을 것이다. 사랑받고 싶었는데 그럴 수 없었다면, 누구나 슬프다. 좌절한다. 그게 당연하다. 그래서 사랑받지 못한 아이는 슬픔을 기반으로 감정을 만들게 된다. 심지어 그 감정은 복수심으로까지 이어진다. 20대 초반, 나는 할 수만 있다면 엄마에 대해 느꼈던 모든 원망을 글에 담아 세상에 발표하고 싶었다. 부모의 불화 문제를 제쳐두더라도, 엄마의 무관심에서 비롯된 여러 문제들과 형제자매간에 비교를 하면서 반복되던 언어폭력, 그렇게 차곡차곡 쌓아온 부당함, 불공정함에 대한 분노를 표현하고 싶었다. 어떤 이유에서든 다른 사람에게 슬픔과 좌절을 느끼게 하는 것은 부모라고해도 죄악이라고 믿었다. 물론 그때 그런 원망의 글을 썼더라면 금방 후회했을 것이다. 엄마의 입장 같은 것은 들여다볼 생각도 못했으니 그건 불균형한 외마디 비명에 불과했을 것이다. 그럴 만한 능력이 없어서 포기했던 게 오히려 다행이다. 그렇다고 모든 게 다 잊힌 것은 아니다.

일본의 소설가 소노 아야코는 〈마흔 이후, 나의 가치를 발견하다〉에서 '그렇게 나쁜 부모라고 생각되면, 딸의 경우 어느 정도 나이가 들게 되면 미련 없이 부모를 버리고 자립하면 그만이다!' 라는 글을 썼다. 그 글을 읽으면서 나는 가슴이 철렁 내려앉았다. 그게 그렇게 쉬운 것이었나? 나도 그냥 20대 초반에 엄마 곁을 미련 없이 떠나야 했던 것인가? 그때 헤어져 다시 안 보는 게 해결책이었던 걸까? 줄곧 곁에 있다가 이제 와서 구구절절이 불만을 표현하는 것이 어리석은 일인가?

미안하지만 소노 아야코의 이런 제안이야말로 비현실적이고 철없는 것이라고 생각한다. 사랑받지 못하는 나 자신을 깨닫기 전, 내게는 분명히 이런 기억이 있다. 비록 어린 아이지만, 나는 엄마를 사랑하고 있다는 것을 알고 있었다. 엄마에게 도움이 되고 싶었고, 잘해드리고 싶었다. 엄마를 위해 걸레도 빨았고, 선물도 샀다. 엄마가 곰보에, 꼽추에, 외눈박이였다고 해도 그랬을 것이다. 세상은 모성애에 대해서만 이야기하지만, 아이에게도 엄마를 향한 본능적인 사랑이 분명히 존재한다. 그렇게 미련 없이 버릴 수 있는 것이 아니다. 공장에서 나온 물건처럼 제 갈 길로 가면 그만인 것이 아니다. '다 지난 일인데, 뭐, 부모가 그럴 수도 있지' 하면서 적당히 잊어버린 척 하는 것이 오히려 같은 일을 대물림하고 반복하게 하는 것이다.

어쨌거나 사랑받지 못한 딸도 행복하게 살 수는 있다. 하지만 그 과정은 여의치 않다. 자신이 원했던 방향이 아니라 전혀 다른 방향으로도 갈 수 있다는 것이 가장 아쉬운 점이다. 자연스럽게 사랑을 받고 자라 탄탄한 긍정의 기반을 가진 사람과 가슴에 커다란 구멍이 뚫린 사람은 출발지점에서부터 차이가 나타난다. 긍정의 기반이 있는 사람은 곧바로 평지 위를 달려갈 수 있지만, 구멍 뚫린 사람은 여기 저기 난 구멍을 메우는 데에 시간과 에너지를 낭비해야 한다. 누구에게는 쉽고 당연한 것 같은 친구 교제가 어렵고, 자기표현이 어렵고, 심지어 소망을 갖는 일조차 어렵다. 어차피 우리는 모두 행복이라는 같은 길을 가려고 하는데, 그렇게 구멍을 메우면서 가야 하는 것은 손해가 아닐 수 없다. 또 대부분 구멍을 메우기엔 시간도, 에너지도 부족하다. 다른 물리적인 결함도 아니고, 그저 부모 자식 간의 감정적인 부조화 때문에 그런 손해가 발생한다는 것이 안타까울 따름이다.

결국 후자의 사람이 감정적으로 할 수 있는 것은 자신과 같은 경험을 가진 사람을 위로하고 공감해줄 수 있는 것뿐이다. 그런데 그렇게 위로해주어야 할 첫 번째 사람이 또 그렇게 원망스러웠던 자기 엄마라는 사실은 삶의 아이러니다.

생각해보면, 우리 엄마처럼 예쁘고 사랑스러운 외모를 가진 사람에게 그렇게 무심할 수 있었던 외할머니가 신기하다. 공부는 잘하고 있는지, 무엇에 재능이 있는지, 대학에 안 가려고 한 이유는 무엇인지, 어떤 남자와 결혼하고 싶어 하는지, 전혀 궁금해 하지 않고 그냥 내버려두었던 외할머니 밑에서 우리 엄마는 많이 쓸쓸했을 것이다. 물론 외할머니도 아들에게만 집착하던 시대의 이데올로기에 희생된 사람이었기에 그럴 수밖에 없었겠지만, 외할머니의 그런 무심함이 끝내 채워지지 못했던 것은 아쉽다. 엄마의 한쪽 눈에 사시(斜視)의 기미가 보여서 수술을 해야 했는데, 외할머니와 외할아버지가 적극성을 보이지 않아 엄마 스스로 집에 있던 돈을 찾아내서 병원으로 가야 했다는 이야기는 최근에야 들었다. 다른 일은 뭐든지 다 이야기하던 수다쟁이 엄마가 그 사실은 평생 묻어두었다. 자식들에게 이야기하기조차 자존심이 상했던 것이다. 아마도 그때 돈이 없는 것도 아닌데 딸이 장애를 가질 수도 있는 상황에 손을 놓고 있었다는 점에서 부모의 사랑에도 한계가 있고, 세상에 믿을 사람은 자신뿐이라는 신념이 엄마에게 생겼을 것이다. 그런 환경에서 자포자기하여 무기력한 우울증 환자가 되지 않고, 차라리 거칠고 투박해진 것은 엄마 입장에서는 그나마 나은 선택이었다. 엄마를 엄마로만 보았을 때에는 이해하기 힘들고 원망스러운 것투성이였지만, 엄마도 딸이었다는 것을 생각하니 비로소 안쓰럽고 애틋한 게 보이기 시작했다.

'어르신사랑연구모임'이라는 단체에서 기획, 집필한 〈사랑합니다, 당신의 세월을〉이라는 책에서도 거칠고 투박하지만 전사처럼 살아온 분들의 이야기를 엿볼 수 있다. 자식들에게 절대로 약한 모습이나, 진솔한 속내를 보이고 싶어 하지 않던 우리 엄마 같은 분들의 이야기가 그 안에 있다. 이제 엄마를 이해하기 위해서는 현재 닥쳐 있는 노년, 그들의 삶을 이해해야 한다.

도보여행가 황안나 씨는 40년간 교직에 있다가 58세에 학교를 그만두고 국토종단 도보여행을 떠난 분이다. 그분은 결혼 전이나 결혼 후나 오직 가족을 위해 일하며 살았다고 한다. 늘 시간이 없어 자신이 하고 싶은 일은 해볼 꿈도 꾸지 못했단다. 그러다가 문득 이제는 하고 싶은 것을 하며 살아야겠다는 결심을 했고, 국토종단을 비롯해서 안나푸르나 트래킹 등 그 연세에 쉽게 하기 힘든 일들에 도전하며 살고 계시다. 남들은 안정적인 가정과 직장이 있었으니, 육아와 일에 충실했던 그 40년 세월이 행복했을 것이라 짐작하지만, 정작 본인은 그렇지 않았던 것이다. 사람이 한 개인으로서 들끓는 욕망을 잊고 살아간다는 것은 결코 쉽지 않다. 언젠가 우리 엄마도 스스로 가장 행복했던 때는 아빠와 함께 우리를 키우던 때가 아니라(어느 정도 짐작은 했지만), 50세 이후 자신의 힘으로 일해서 돈을 벌고 사람들에게 인정을 받을 때였다고 말한 적이 있다. 엄마니까 무조건 가정에만 충실해야 한다는 것은 헛된 망상이고 폭력이자 기만일 수 있다. 우리 엄마라는 한 개인도 인간으로 성장하기 위해 육아나 살림 이전에 자주성을 키우는 직업훈련을 하는 게 먼저 필요했던 것이다. 황안나 씨의 이야기는 사람이 미처 이루지 못한 꿈을 이루기에 노년은 그래도 늦지 않은 시간이라는 것과 사람이 살아가면서 상처를 주고받는 일은 결코 계획되거나 의도되지 않은 것임을 들려준다.

　정신과의사인 이근후, 이동원 박사 부부는 노년을 기꺼이 '손주

들을 돌보는 할아버지, 할머니' 로 사는 데에 바치고 있었다. 젊어서부터 새로운 경험을 언제나 즐겨왔기에 노년의 이 새로운 역할도 마치 재미있는 게임을 하듯 즐겁게 받아들일 수 있었던 것으로 보인다. 하지만 더 큰 이유는 정작 그들이 부모였을 때 빚을 갚느라 아이들을 제대로 먹이거나 기본적인 욕구를 충족시켜주지 못했던 안타까움이 남아 있어서였다. 빚을 빨리 갚지 않더라도 아이들에게 좀 더 신경을 썼어야 하는 게 아닐까, 하는 아쉬움에 이근후 박사는 아이가 5살이 되기 전까지는 엄마들을 취업시키지 말자는 주장까지 내세운다. 엄마들이 느낄 부담감을 생각하면 너무 극단적이지만 그만큼 어린 시절이 중요하기 때문이다.

의식적으로 늘 생각하고 사는 건 아닌데 공부를 거듭 하고, 갈등이 있어 나에게 의논하는 사람을 만나오다 보니 이론이 별게 아니더라고요. 무엇보다 어릴 때가 굉장히 중요하다는 겁니다. 너무 실감나는 얘기예요. 왜 그러냐 하면 쇳물이 나가서 어느 공장에 들어가 굳어지느냐에 따라 못도 되고 철강도 되고 다리도 되잖아요? 그러니까 초기 유아기 경험이라는 것이 일생동안 우리의 행동을 무의식 속에서 좌지우지한다는 겁니다.

하지만 시간이 흘러 아이가 성인이 되고, 부모가 늙어 노인이 되면 이번엔 다시 노인문제가 가장 큰 현안으로 닥쳐온다. 노년의 삶은 자식에게도, 부모에게도 낯설고 생경하다. 아동기 성장과정은 매뉴얼로 많이 알려져 있지만, 노년기에 대해서는 누구도 자세히 알고 싶어 하지 않는다. 노화는 그저 피하고 부정하고 싶은 '증상'으로만 여겨진다. 부모 이외의 노인을 두루 지켜볼 수 있는 자녀들은 흔치 않으므로 '건망증을 보이거나, 통증을 호소하는' 노년의 보편적인 특징을 제 부모만의 심각하고 유별난 문제로 인식할 수도 있다. 두 박사 부부는 노년기의 생물학적 특성에 대해 자녀들이 먼저 공부하고 이해하는 노력이 필요하다는 데에 입을 모은다.

마지막에 있던 1937년생이신 정진홍 교수님과의 대담은 무거운 주제에 비해 가장 담담하고도 솔직한 인터뷰라서 인상적이다. 일찍 아버지를 여읜 정 교수님은 어려운 집안 사정 때문에 고아원에서 지냈던 기억까지 있었기에 더욱 자녀를 엄하게 길렀다. 자신이 겪었던 어려움을 겪지 않도록, 강하게 키우려 했던 것이었는데 그게 좀 지나치고 말았다. 너무 엄해서 부모 자식 간에 꼭 필요한 친근함마저 잃어버리게 되었고 그 점이 후회스럽다고 했다. 부모가 살았던 시대·환경과 자녀가 사는 시대·환경은 전혀 다른데 부모의 기준에서만 보면 초점이 어긋나게 되는 것이다. 나이가 들면서 이제 그런 강박관념에서 조금 풀려났고, 많은 면에서 너그러워져 이제는 학생들에게 냉철하게 점수를 매기는 일조차 힘들어졌다고 말하는 정 교수님은 세월이라는 것이 주는 선물을 이렇게 설명한다.

손자 녀석이 도쿄에 가서 몇 시에 어떤 호텔에 들어갔다 나와서 어디 가서 물을 사고 디즈니랜드 예약을 하고 몇 분 서 있다가 어디 들어갔다가 또 나와서 뭘 사먹고…… 이걸 다 기억하고 나열해요. 깜짝 놀랐어요. 그런데 저는 아무것도 생각나지 않거든요. 그저 버스 안에서 이 녀석이 좋아서 눈빛이 반짝반짝하던 기억만 나요. 그게 몇 시인지도 모르겠고, 손자 눈빛만 생각나는데 이 녀석은 집에 와서 그걸 되뇌고 있어요. 다 메모한 것을 읽듯 엄마한테 전화하는 거예요. 늙음이란 삶이 여과되고 그렇게 남는 것, 그런 것들을 지니는 게 아닌가.

얼마 전 늙어버린 엄마가 지난 일에 대해 잘못 기억하고 있는 모습을 보았다. 틀린 기억이라고 지적했다가 완강한 반발에 부딪쳤고, 그날 이후 엄마가 기억하는 것들에 대해서는 그냥 인정하기로 했다. 내가 엄마에 대해 원망을 가졌던 일들에 대해서도 엄마는 많은 부분 다르게 기억하고 있을 것이다. 하지만 이따금 예전에 비해서는 터무니없을 만큼 내게 너그러워진 엄마의 모습을 보면 지난 일을 모두 기억하지는 못해도, 뭔가 미안한 느낌은 남아 있는 게 아닐까, 하는 생각이 든다. 결국 부모 자식 간에 남는 것이란, 정진홍 교수님의 표현처럼 수많은 사건 속에서 모든 것이 여과되고 그 후에 남은 한 가지 느낌이 아닐까. 감사함이든, 미안함이든, 애틋함이든, 아쉬움이든…….

한번쯤 돌아봐야 했던 시간

엄마라고 하면 여전히 머리보다 심장이 먼저 반응한다. 엄마는 아이가 만나는 처음의 사람일 뿐 아니라, 처음의 세상이기 때문일 것이다. 먹고, 듣고, 경험하는 모든 것이 엄마로부터 온다. 그렇게 엄마가 펼치는 세상에 자신을 맡기는 것이 아이의 숙명이다. 그 세상은 대부분 가장 믿음직하고 따뜻하고 포근한 것으로 간주된다. 하지만 어떤 사람들에게 있어서는 차갑고 황량하고 견디기 힘든 고통스러운 세상일 수도 있다. 그토록 춥지만 아무 능력이 없는 어린 아이로서는 차마 떠날 수도 없는 그런 세상이다.

세월이 흐르면서 우리는 자연스럽게 다음 세상으로 나아가야 한다. 그러나 처음 맞이했던 세상이 너무 고통스러웠거나, 아직 해결되지 못한 문제들이 남아 있을 때엔 그것이 발목을 잡는다. 멀리 떠나왔다고 생각한 순간, 갑자기 그때의 기억이 부메랑처럼 돌아오기도 한다. 그리고 필연적으로 처음의 세상에서 배운 관계 맺기 방식이 현재에서 반복되기도 한다.

모녀관계의 개선을 위해 우리 세 자매는 수년 전 '엄마와의 데이트'라는 프로그램을 짰다. 거의 매주 1회, 엄마를 모시고 야외로 드라이브를 나갔다가 함께 저녁식사를 하고 돌아오는 것이었다. 2년 가까운 시간 동안 경기도, 강화도, 멀게는 충청도의 국립공원까지 다녀왔다. 우리는 엄마가 더 나이 들기 전에 안정적이고 우호적인 관계를 맺게 되기를 기대했다. 기대는 쉽게 이루어지지 않았다. 잊힌 상처 위에 새로운 상처가 덧입혀지기도 했다. 우리는 원하던 극적 화해와 최고의 친밀감이라는 결과 대신, 사랑하더라도 자주 만나는 것이 최선은 아니라는 모순을 받아들여야만 했다. 하지만 엄마와 그런 시간을 가진 것에 대해 후회하지는 않는다. 갈 데까지 가보기 전에는 포기할 수 없었던 그런 감정의 골이었으니까. 그런 면에서 그 실험이 실패는 아니었다. 그 경험 이후, 그리고 이 책을 쓰면서 나는 나 자신과 다음과 같은 약속을 한다.

우선 사랑과 사랑 아닌 것, 행복과 행복 아닌 것에 대해 명확하게 인식하겠다고. 어린 시절 엄마가 내게 준 것은 사랑이 아니라 무심한 방임이었다. 그것을 사회가 제시하는 전통적인 효도 관념에 의존하여 그래도 사랑이었다고 억지로 합리화할 때 문제는 심각해진다. 무심한 방임은 결코 사랑일 수 없다. 그것이 사랑이었다고 믿을 때, 나에게 차갑거나 냉정하게 구는 사람, 혹은 유난히 까다롭게 굴거나 무시하는 사람에게 집착하고 애정을 갈구하게 된다. 자신을 무시하는 이성, 심지어 학대하는 이성에게 매달리는 사람들의 모습은 그런 애정결핍에서 온 사랑방식에 대한 착각에서 비롯된다. 사랑은 자연스럽게 나에게 관심을 가져주고 격려해주고 위로해주고 필요할 때에 곁에 있어주고 내 의견에 귀를 기울이는 것이다. 그 반대의 모습이 더 익숙하고 편안하다면 문제가 있음을 얼른 자각해야 한다.

그리고 이제는 다른 어떤 것보다 내 삶의 작은 디테일에 집중하겠다는 약속을 한다. 사랑받지 못하고 성장한 자녀는 큰 성공을 하거나 대단한 업적을 통해 인정을 받고자 하는 욕망에 휘둘린다. '따뜻한 가정을 꾸리고 싶다' 라든지, '자신이 좋아하는 일을 하고 싶다' 는 소박한 말은 감히 입에 담지 못하기도 한다. 겨우 그 정도로는 인정받거나 칭찬을 들을 수 없기 때문이다. 엄마가 기뻐할 일, 칭찬할 수 있는 일, 자랑스러워할 일을 찾는다. 하지만 칭찬과 인정의 효과는 그리 오래가지 않는다. 정작 자기 자신이 만족스럽거나 행복하지 않으니, 그 일을 오래 할 수도 없다.

40대 혹은 50대를 훌쩍 넘은 사람들조차 여전히 부모에게 인정받거나 칭찬받을 수 있는 일에 연연하기도 한다. 자신의 일은 팽개친 채, 부모의 일을 대신 해결하려고 나서기도 한다. 서로에게 신뢰가 있는 관계라면 절대로 무리한 희생을 하지 않을 텐데, 사랑받지 못한 자녀는 어쩌면 이번이 인정받을 수 있는 마지막 기회일 수 있다는 절박함을 느낀다. 그 대단한 '한 번'의 인정과 칭찬이 지난 어둡고 쓸쓸했던 유년 시절의 아픔을 만회해줄 것이라는 기대를 하기 때문이다. 진정한 사랑이란 그 사람의 능력이나 업적 때문에 생겨나는 것은 아니라는 것을 깨닫지 못한 채.

건강한 관계는 이렇다. 자녀가 하고 싶어 하는 일을 엄마가, 부모가 지지해준다. '엄마, 나는 이런 일을 하고 싶어요!'라고 했을 때, '그래, 한 번 해봐'라는 반응이 나와야 하는 것이다. '네가 이런 일을 해낸다면 엄마가 기쁠 거야!'라는 말에 '그렇게 할게요.' 하는 것이 아니다. 전설을 이루어낸 김연아 선수 혹은 이상화 선수도 자녀의 꿈을 부모가 지지해준 경우이지, 부모의 명예를 위해 자녀가 희생을 했던 것은 아니었다. 매순간 남에게, 특히 부모에게 인정받으려는 행동과 그 욕심의 결과는 진정한 내 행복과 무관하다. 성취를 한다고 하더라도, 말할 수 없는 허무감에 사로잡히게 된다.

가족관계에서 상처를 입은 사람들은 다른 인간관계에도 어려움을 느끼게 마련이다. 그러나 그럴수록 가족 이외의 인간관계에 정성을 다하는 일은 중요하다. 불행한 엄마와 딸의 불편한 관계에 대해 다루고 있는 책 〈왜 백설공주는 독사과를 먹었을까?〉에서는 부모와의 관계가 좋지 않은 사람에게는 마치 부모처럼 자신의 행복을 진심으로 빌어주는 사람이 20명 이상 있어야 한다는 내용이 나온다. 20명까지는 너무 많다 싶어도, 다양한 사람들과의 교류를 통해 부족했던 애정을 채우며 살아가는 것이 필요하다. 지나치게 내성적 이었고, 한때는 지독한 우울증에 가까웠던 내겐 친구를 사귀는 일이 쉽지 않았다. 맘에 드는 사람과 친구가 되는 용기는 성인이 된 이후에나 발현되었다. 물론 숫자 20을 채우기 위해 아무에게나 상처를 드러내고, 마음을 열어 보일 필요는 없다. 언제나 변함없는 신뢰와 지지를 내어줄 사람들로 신중하게 리스트를 채워가는 것이 더 나은 방법이다.

많은 사람들이 흔히 말하는 용서나 감사에 연연할 필요도 없다고 생각한다. 오히려 한번쯤은 나에 대한 사랑에 인색했던 엄마를 죽도록 미워해도 된다. 절대로 원망해서도, 미워해서도 안 된다는 생각이 오히려 문제를 곪게 만들었다. 내가 한 번이라도 엄마를 미워할 수도 있는 존재라고 생각했더라면, 좀 더 일찍 자유로워졌을 것이다. 자녀는 엄마를 미워하지 않기 위해서 자신을 망가뜨리려는 시도까지 할 수 있다.

모녀관계는 기본적으로는 인간관계다. 서로 궁합이 안 맞을 수 있다. 겉보기에는 완벽하고 언니에게는, 오빠에게는 최고의 엄마인데 왠지 자신에게만은 아닐 수도 있다. 미국의 TV시트콤 〈프렌즈〉에서 모니카는 부모님의 사랑을 독점하는 오빠 로스에게 이런 푸념을 늘어놓는다.

"나도 오빠 부모님 같은 부모님이 있었으면 좋겠어."

어떠한 노력을 해도 서로 맞지 않는다면 그 사실을 그냥 받아들이고 거리를 두는 편이 낫다. 그 불편한 관계의 책임이 나 때문이라는 죄책감만 가지지 않을 수 있다면 말이다. 거리를 좁히기 위한 지나친 노력이 더 큰 문제를 만들 수도 있다. 이미 우리 자매들이 경험했던 것처럼, 일방적인 기대감으로 거리를 좁히려는 노력이 큰 변화를 가져오지는 못한다.

언젠가 이모는 내게 말했다. 꼭 살아 있는 나무만 좋은 것은 아니라고, 죽은 나무에도 기댈 수는 있는 거라고, 꽃이나 잎이 피는 것을 기대하지 않는다면. 애정과 이해가 담긴 대화는 나눌 수 없더라도, 단지 엄마라는 존재가 있다는 것만으로도 인간은 설명할 수 없는 든든함을 느끼는 것이라고. 이런 담담한 마음이 우리가 가져야 할 전부가 아닐까.

물론 이 모든 다짐에도 불구하고, 여전히 아프고 힘들 때가 있겠지만 내가 가야 할 방향을 알고 있다면 흔들리더라도 계속해서 나아갈 수 있을 것이라고 믿는다.

이 책을 쓰면서 세상의 모든 딸들이 다 엄마와 가깝거나 친근한 것은 아니라는 사실을 알게 된 것은 큰 위안이었다. 사건의 크기나 환경은 달랐어도 의외로 많은 사람들이 비슷한 아픔을 이겨내고 살아왔다. 그 딸들에게 무한한 격려와 위로를 보내고 싶다. 그리고 이 책이 그런 슬픈 기억을 가진 딸들, 그리고 본의 아니게 넉넉한 사랑을 주지 못했던 그 엄마들에게 공감을 주었으면 좋겠다.

인용 작품 출처

〈홍당무〉 쥘 르나르 지음, 서치헌 옮김, 소담출판사
〈나쁜 엄마〉 클라라 비달 지음, 이효숙 옮김, 메타포
〈바늘땀〉 데이비드 스몰 지음, 이예원 옮김, 미메시스
〈나쁜 딸 루이즈〉 쥐스틴 레비 지음, 이소영 옮김, 이덴슬리벨
〈나의 엄마 시즈코상〉 사노 요코 지음, 윤성원 옮김, 이레
〈과연 제가 엄마 마음에 들 날이 올까요〉 캐릴 맥브라이드 지음, 이현정 옮김, 오리진하우스
〈타인보다 더 민감한 사람〉 일레인 N.아론 지음, 노혜숙 옮김, 웅진지식하우스
〈폭력의 기억, 사랑을 잃어버린 사람들〉 앨리스 밀러 지음, 신홍민 지음, 양철북
〈불행의 놀라운 치유력〉 보리스 시륄니크 지음, 임희근 옮김, 북하우스
〈마더쇼크〉 EBS[마더쇼크] 제작팀 지음, 중앙books
〈엄마 미안해〉 아이리스 크레스노 지음, 박인균 옮김, 추수밭
〈사랑합니다, 당신의 세월을〉 어르신사랑연구모임 지음, 궁리
영화 〈라디오 플라이어 (Radio Flyer, 1992)〉
영화 〈나는 엄마를 죽였다(I Killed My Mother, 2009)〉
영화 〈가을 소나타(Autumn Sonata, 1978)〉